La vocación

José D. Rodríguez

ABINGDON PRESS / Nashville

LA VOCACIÓN

ISBN-13: 978-0-687-46509-5

09 10 11 12 13 14 15 16 17 18–10 9 8 7 6 5 4 3 2 1
HECHO EN LOS ESTADOS UNIDOS DE NORTEAMÉRICA

Dedicatoria

A mi querida compañera Catalina
por su paciencia, cariño y amor.

Hna Sila.

"ENTONCES OÍ LA VOZ DEL SEÑOR
QUE DECÍA: ¿A QUIÉN ENVIARÉ? ¿QUIÉN
IRÁ POR NOSOTROS? ENTONCES RESPONDÍ:
YO HEME AQUÍ, ENVÍAME A MI.

ISAIAS 6:8

QUE LA LUZ DE CRISTO ILUMINE
ESTE NUEVO CAMINO DE FE QUE ESTÁS
INICIANDO. QUE EN LOS MOMENTOS
DE ESTUDIOS Y NUEVOS APRENDIZAJES,
RECUERDES QUE ESTARÁ TU CONGREGACIÓN
Y TU PASTOR ORANDO POR TI.

TU COMPAÑERO EN MISIÓN

HARRISBURG, JULIO 10, 2011.-

Contenido

PREFACIO

Este libro tiene como propósito invitar al lector o lectora a explorar el tema de la vocación cristiana. Realmente no hay una, sino varias expresiones de dicha vocación. Esto se hace evidente tanto si exploramos con cuidado el testimonio de fe que encontramos en el texto de la Biblia, como si hacemos un recorrido paciente y concienzudo de la historia de la iglesia cristiana desde sus orígenes hasta el presente.

Durante mi experiencia de cuatro años al servicio de un comité de la iglesia para el estudio del ministerio, tuve la oportunidad de explorar un gran número de temas relacionados al ministerio y oficios ministeriales de la iglesia cristiana desde sus orígenes hasta el presente. El estudio se realizó desde una perspectiva ecuménica y global, enfatizó la contribución de la herencia teológica protestante, e incluyó la experiencia de sectores sociales tradicionalmente marginados en nuestra sociedad.

Una de las tareas en las que trabajé con entusiasmo y diligencia en este comité de estudio fue la de examinar lo que encontramos en nuestra tradición de fe, y la experiencia histórica de la iglesia cristiana respecto a la llamada y vocación al ministerio cristiano.

Me llamó especialmente la atención durante el estudio el énfasis tan pronunciado que se hizo en el oficio pastoral de la proclamación de la palabra y la administración de los sacramentos, y otros oficios eclesiales como expresiones propias de la vocación cristiana. Lo más sorprendente fue la casi total exclusión de otras vocaciones (la educación, el servicio para la salud, la administración pública, el comercio, etc.) como foco de la llamada de Dios a la vocación del creyente. Tanto mi herencia protestante como mi convicción en la perspectiva teológica de Lutero y mi ubicación social como representante de sectores marginados en la sociedad norteamericana, me llevaron a cuestionar esta inclinación tan presente en nuestra tradición de fe aún en nuestros días, y a explorar nuevamente la experiencia de nuestros antepasados sobre este asunto.

El producto de este examen crítico fue de recomendar a los líderes de la iglesia el reconocimiento público de la llamada al ministerio cristiano, no sólo para quienes han de ejercer el oficio pastoral de la Palabra y los Sacramentos, sino también para quienes han de realizar otros oficios dentro y fuera de la iglesia, para de esta forma reconocer y celebrar nuestra convicción del sacerdocio universal de toda persona creyente.

En uno de los cursos que enseñé recientemente en la Escuela Luterana de Teología en la ciudad de Chicago, invité a mis estudiantes, cuya mayoría se preparaba para oficios eclesiásticos, a escribir un ensayo final sobre su entendimiento personal de la llamada de Dios o la vocación cristiana. Fue muy interesante encontrar en la mayoría de estos ensayos que los años de estudio, la experiencia práctica requerida en congregaciones, y la convivencia durante varios años en la comunidad del seminario, habían llevado a los estudiantes a una transformación en el entendimiento de su llamada y de la vocación cristiana. Lo importante en este proceso, como bien señalaba un estudiante en su ensayo, es llegar a la convicción de que, aunque en ocasiones nos encontremos en una gran lucha por discernir la ocupación específicamente apropiada para la realización de nuestra vocación cristiana, lo principal de esta llamada de Dios es que nos convoca al servicio, tanto de nuestros semejantes, como del resto de la creación.

Estas y otras experiencias han sido importantes para mi interés en el tema de la vocación cristiana. Confío que la lectura de este libro logre renovar el interés de un gran número de personas en este tema y reanime nuestro compromiso para ofrecer un testimonio de fe más pertinente y significativo en nuestra sociedad presente.

Deseo agradecer la invitación del Dr. Justo L. González para colaborar en este proyecto, además de su paciencia y diligente dirección para escribir el manuscrito de este libro. También quiero reconocer la iniciativa de Evelyn Soto, directora ejecutiva asociada de la unidad para alcance evangélico y misión congregacional de la Iglesia Evangélica Luterana en América, quien generosamente proveyó los recursos económicos para la realización del proyecto. A los estudiantes, colegas y amistades que me han acompañado durante las diferentes expresiones de mis labores en la enseñanza, quiero expresar mi más profundo agradecimiento por sus valiosas contribuciones que he tratado de expresar a través de las páginas de este libro. Vale aclarar que cualquier falta, omisión, o error en el texto es responsabilidad de este autor. A mi familia, especialmente a mi compañera Catalina, cuya paciencia y estímulo me han sostenido en esta tarea, quiero comunicar mi gran deuda de afecto.

José D. Rodríguez
Chicago
Junio, 2008

Introducción

Sabemos, además, que a los que aman a Dios, todas las cosas los ayudan a
bien, esto es, a los que conforme a su propósito son llamados.
(Romanos 8:28)

La palabra vocación se deriva del término latino *vocatio*, que significa *llamada*, o *acción de llamar*. También se define como la inspiración con que Dios llama a algún estado, especialmente al de religión. Su equivalente en hebreo es *qara'* y en griego *klesis*. En el Antiguo Testamento, esta palabra significa generalmente *anunciar, nombrar,* o *convocar*. Describe la invitación que nos hace Dios para entrar en una relación de intimidad que nos llama a una tarea determinada (Salmos 41:2). Dios llama tanto a individuos como a todo su pueblo a participar en sus planes para toda la creación. La llamada es a ser agentes de Dios para iluminar a los habitantes de toda la tierra (Éxodo 3:1-15; Isaías 42:6). La llamada es para servir, no para engrandecerse a sí mismo.

En el Nuevo Testamento, el término se utiliza para describir la invitación individual que Dios le extiende a toda persona para establecer una relación con Dios y con el pueblo de Dios (Romanos 1:6-7). La respuesta apropiada a esta llamada es la fe en Jesucristo y la obediencia a sus enseñanzas. El poder de esta llamada tiene sus raíces en la Palabra de Dios (Romanos 4:17). Quienes responden a esta llamada reciben la salvación. Toda persona que sigue las enseñanzas de Jesucristo recibe un llamado de Dios y sus bendiciones para servir a Dios y a nuestros semejantes en la vida diaria (Efesios 4:1-7).

Como indica Justo L. González en varias de sus obras, la llamada de Dios para el creyente y para toda la creación es ante todo una llamada a la existencia. En nuestros días el poder de la palabra ha sido devaluado. Pero en la Biblia, especialmente en el primer capítulo del libro de Génesis, la palabra, la Palabra eterna de Dios, tiene el poder de crear de la nada. «Dijo Dios: Sea la luz. Y fue la luz» (Génesis 1: 3). Dios llama todas las cosas a la existencia, y precisamente porque Dios extiende esta llamada es que la creación y todo lo que existe se hace una realidad. Este poder de la Palabra de Dios se afirma por el salmista cuando declara que cuando el pueblo estaba enfermo, oprimido, y en tinieblas, Dios «Envió su palabra y los sanó; los libró de su ruina» (Salmo 107:20). Esta es además la convicción del profeta Isaías cuando proclama que es el poder de la Palabra de Dios el que realiza los propósitos divinos: «así será mi palabra que sale de mi boca: no volverá a mí vacía, sino que hará lo que yo quiero y será prosperada en aquello para lo cual la envié» (Isaías 55:11).

En el evangelio de Juan encontramos algo parecido, aunque en este caso la mayoría de las traducciones de la Biblia al español en lugar de utilizar el término «palabra» usan la expresión «Verbo». «En el principio era el Verbo, el Verbo estaba con Dios y el Verbo era Dios... Todas las cosas por medio de él fueron hechas, y sin él nada de lo que ha sido hecho fue hecho» (Juan 1:1-3). Se podría decir que este Verbo, esta Palabra de Dios, es lo que llama a la existencia a todo lo creado. Esta Palabra, que estaba en el principio y que constituía el poder creativo de Dios por el cual todas las cosas fueron hechas, «se hizo carne y habitó entre nosotros... y vimos su gloria, gloria como del unigénito del Padre» (Juan 1:14). Esto es lo que decimos cuando confesamos que Jesucristo es «el Verbo encarnado de Dios», o «el Verbo hecho carne».

En lo que constituye una de las instancias más conocidas de su ministerio, Jesús llama a un grupo de pescadores a ser sus discípulos (Mateo 4: 18-22). También llama a una niña (Lucas 8: 40-56) y a su amigo Lázaro (Juan 11: 1-44) para restaurarles la vida. Esta llamada de Jesús no fue sólo la llamada de un maestro, ni aun la de una persona capaz de hacer milagros. Estas personas fueron llamadas por la Palabra mediante la cual todas las cosas fueron hechas. Y cuando Jesús les dirige la palabra y les llama, el poder de esa llamada es el mismo poder que llamó a la luz de las tinieblas, y a todo lo creado de la nada. La razón por la cual Jesús llama a la hija de Jairo del valle de la muerte y a Lázaro de más allá de la tumba, es que esta palabra de Jesucristo es la misma palabra que les llamó a la existencia misma desde el principio.

Otro elemento significativo en el relato de la llamada de Jesús a sus discípulos es la manera tan dispuesta de estas personas para seguir a alguien a quien, según el texto bíblico, no conocían antes. En el primer encuentro entre Jesús y estos pescadores a la orilla del mar de Galilea, Jesús les llama a seguirle. Y ellos le siguen. Parte de la razón que explica la reacción tan decidida de estos pescadores tiene que ver con la identidad de quien les extiende la llamada. Quien les llama es la Palabra mediante la cual todas las cosas fueron hechas. Es por esta razón que cuando Jesús llama a Simón (a quien se conocía después con el nombre de Pedro), a Andrés su hermano, a Jacobo hijo de Zebedeo, a Juan su hermano (Mateo 4: 18-21), y a nosotros hoy, él no está solamente extendiéndonos una invitación, o dándonos un mandato, sino que está creando una nueva realidad para nosotros y nosotras. Tanto a Simón como a su hermano Andrés, la llamada de Jesús les redefinió y recreó sus vidas. Hasta ese momento habían sido pescadores en el mar, pero ahora se convierten en pescadores de gente. La misma Palabra que llama del mundo de la muerte a Lázaro para restaurarle la vida, llama a Simón y Andrés de ser pescadores de peces, a ser pescadores de personas. Cuando Dios llama, Dios crea. Cuando Jesús llama a estas personas les convierte en algo que no eran antes. Dios no sólo nos llama a ser algo, sino que también nos provee del poder para realizar lo que estamos llamados a ser.

Es importante señalar que este poder de la palabra de Dios para llamarnos a la existencia es el fundamento de todas las otras expresiones de la llamada del creyente. Ya sea que creamos o no en Dios, que le obedezcamos o dejemos de obedecerle, que le sigamos o vivamos a espaldas de su presencia, nuestra vida se hace una realidad porque Dios nos llama a la existencia. Esta convicción de fe es central para nuestro entendimiento de nuestra llamada, pues lo que hará posible que podamos responder a ella con diligencia y fidelidad a pesar de las dificultades y desafíos que confrontemos será nuestra certidumbre de que toda expresión de la llamada de Dios carga el mismo poder de la llamada original que Dios nos hizo a la existencia. Por consecuencia, la llamada que Dios nos hace en cualquier tipo de sus variadas expresiones constituye, no sólo una invitación a ser y a hacer algo, sino también una promesa de su realidad. Dios no sólo nos llama a la existencia y a que le sigamos, sino que también nos hace sus seguidores. No sólo nos ofrece la nueva vida, sino que además produce y hace posible esa nueva vida en nosotros.

Uno de los objetivos principales de este libro es extender una invitación a las personas interesadas en el tema de la llamada y la vocación al ministerio cristiano a explorar algunos asuntos que contribuyen al entendimiento de este tema, tanto desde nuestra tradición de fe, como desde la experiencia de nuestro pueblo hispano o latino. El primer capítulo de este libro es una breve pero importante visión histórica de cómo nuestros antepasados en la fe entendieron en su propio contexto histórico el desafío a responder a este llamado de Dios. Aunque esa sección no intenta ser exhaustiva, nos parece importante estudiar y descubrir en el testimonio de nuestros hermanos y hermanas de ayer algunas enseñanzas que nos provocan a profundizar el entendimiento de la llamada que Dios nos hace hoy para realizar nuestra vocación cristiana.

En los siguientes capítulos intentamos presentar una expresión personal de lo que la experiencia particular de nuestro pueblo hispano o latino tiene como contribución a la iglesia toda para ayudarla y ayudarnos entender varias vocaciones cristianas. Entre estos ejemplos nos interesa describir la vocación al pastorado (capítulo dos), y a la enseñanza (capítulo tres). La experiencia particular de nuestro pueblo nos enseña que la llamada al testimonio de fe en nuestro contexto social también reclama una vocación a cruzar fronteras (capítulo cuatro). El capítulo cinco es un esfuerzo por entender y dar testimonio del contexto colectivo en el cual generalmente emerge, se nutre y vivifica la llamada de Dios para toda persona creyente. En ese capítulo tratamos de presentar el surgimiento de la iglesia del pueblo latino desde sus orígenes en el siglo XVI hasta el presente, en el contexto de la realidad norteamericana. Para elaborar esa sección hemos hecho referencia a estudios pertinentes sobre este tema producidos por autores y autoras de origen latino o latinoamericano. Por último, el capítulo seis resumirá el desafío de lo estudiado.

Terminamos nuestro estudio del tema central de esta obra con una breve reflexión sobre los desafíos centrales de la vocación cristiana (capítulo seis) y una conclusión que pretende resumir varios de los asuntos principales.

Añadimos al final de cada capítulo una serie de preguntas para provocar una lectura más crítica de los aportes de este estudio sobre el tema discutido. Para concluir este estudio proveemos también una bibliografía selecta de varias obras que tratan sobre el tópico que hemos explorado, para invitar a quienes lean el libro a continuar su estudio de este tema.

1

VOCACIONES CRISTIANAS: UNA VISIÓN HISTÓRICA

«Por tanto, id y haced discípulos a todas las naciones, bautizándolos en el nombre del Padre, del Hijo y del Espíritu Santo, y enseñándoles que guarden todas las cosas que os he mandado. Y yo estoy con vosotros todos los días, hasta el fin del mundo». (Mateo 28:19-20)

En una de mis visitas a una iglesia latina en la ciudad de Chicago, el pastor, utilizando el texto de la carta del apóstol Pablo a la comunidad de fe en Roma, señalaba la importancia de recordar que toda persona creyente es llamada por Dios para una tarea importante en su vida. En ocasiones, recordaba el pastor, esta llamada nos desafía a cruzar las fronteras de aquello que conocemos, para lanzarnos a una nueva realidad en la esperanza de realizar la plenitud de nuestra vocación humana.

Para quienes nos encontrábamos en la iglesia ese domingo, en su mayoría inmigrantes originales de América Latina, las palabras del pastor nos recordaban el dolor, la angustia y la ansiedad comunes entre los inmigrantes en nuestra sociedad. Para muchos, el desafío mayor consistía en haber dejado en su país de origen a su familia, y lanzarse a una nueva realidad, en busca de un futuro para los suyos, sin contar con los recursos y garantías para el éxito de su empresa, frecuentemente con la esperanza de regresar algún día a sus países de origen, pero sabiendo cuán difícil será. Para otras personas, sus sueños originales habían sido frustrados por las dificultades confrontadas. La injusticia, el racismo y los prejuicios sociales experimentados eran tan profundos y continuos que el entusiasmo y pasión original que les habían traído a estas tierras se habían tornado en tragedia y desolación.

En su sermón, el pastor nos desafió a tomar en serio las promesas de Dios para todo creyente. Dios nos llama a confiar en su generosa iniciativa para darle sentido y dirección a nuestra vida. Este llamado de Dios busca restaurar el significado y propósito de nuestra vocación humana. Sabemos que a quienes aman a Dios, todas las cosas les ayudan a bien, y que ha sido Dios quien les ha llamado para este propósito (Romanos 8: 28).

La intención fundamental del pastor en su sermón fue provocar a quienes escuchábamos a tomar en serio la llamada que nos extiende nuestro Dios para colaborar en la expansión de su reinado en todo tiempo y en toda su creación. Toda persona creyente es llamada por Dios a encontrar el propósito de su vocación siguiendo sus enseñanzas y confiando en sus promesas.

La llamada a la vocación cristiana se ha descrito de muchísimas maneras. Para ciertas personas la vocación tiene que ver con el trabajo o tarea específica a que se dedican en su vida diaria. Para otras, es una estremecedora experiencia de ser llamadas por Dios para servirle en un oficio eclesial o religioso. A través de los siglos lo que ha sido central y común a estas diferentes experiencias es la idea de que la vocación cristiana tiene que ver con un llamado de Dios para darle sentido y propósito a la vida del creyente.

Pero, ¿cómo podemos discernir este sentido y propósito de nuestra llamada? Una mirada a la experiencia y sabiduría de quienes nos han precedido en la historia podría ayudarnos en nuestro discernimiento. Si es cierto que la experiencia de nuestros antepasados no siempre nos provee las respuestas que buscamos a las preguntas que nos hacemos en nuestros días, también es cierto que esta experiencia del pasado, por ser diferente a la nuestra, puede provocar un cuestionamiento de aquellos supuestos que hoy damos por sentados y llevarnos a una visión más crítica y a un entendimiento más rico y profundo de nuestra vocación cristiana en el presente.

En la Biblia encontramos que la llamada de Dios se entiende como una llamada a la fe, o a una tarea especial al servicio de Dios. Quienes han hecho estudios especializados sobre este asunto argumentan que el sentido primordial del término vocación en la Biblia tiene una connotación de carácter colectivo. Dios llama al pueblo a una vocación. En el Antiguo Testamento, este pueblo, esta comunidad, es Israel. En el Nuevo Testamento, este pueblo, esta comunidad, es la iglesia. La vocación colectiva de este pueblo de Dios es el contexto en donde los individuos reciben la llamada a su vocación particular.

En el Antiguo Testamento Dios llama a un pueblo para realizar sus planes en la creación. Comenzó milenios atrás estableciendo un pacto con Abraham (Génesis 12:1-3). Este pacto fue renovado en y con Isaac (Génesis 26:4-5), Jacob (Génesis 28:13-15), y luego que Dios liberó a su pueblo de la opresión, el pacto se establece finalmente con la creación del pueblo de Israel. El propósito principal de Dios mediante Israel es bendecir a todo habitante de la tierra.

De tiempo en tiempo, Dios llama a hombres y mujeres a dejar sus responsabilidades ordinarias para realizar una misión especial en nombre de su pueblo (Éxodo 35:25-26). A Moisés le llama a libertar a su pueblo de la esclavitud de Egipto (Éxodo 3–4). A Oseas le llama a dejar su trabajo en la tierra para recordarle a Israel de su infidelidad (Oseas 1, 9). Isaías deja sus tareas en la corte para alertar al reino de Judá de los peligros por parte de pueblos extranjeros (Isaías 1; 30:1-2). La respuesta de Jeremías le lleva a dejar sus obligaciones sacerdotales para demandar rectitud de parte del pueblo en Jerusalén frente a la futilidad de la religión institucionalizada (Jeremías 31:10). A pesar de la fidelidad de Dios al pacto establecido con su pueblo, la persistente infidelidad de Israel le lleva a desastre tras desastre hasta llegar a convertirse en un remanente. De este remanente fiel, surge eventualmente el Mesías.

Al principio de su ministerio Jesús eligió a doce discípulos (siguiendo el paralelo con las doce tribus de Israel) indicando así la continuidad de su misión con la del pueblo de Israel. Aunque

Jesús no utilizaba el término remanente, es claro que veía a sus discípulos como el núcleo del nuevo Israel (Lucas 12:32). Luego de Pentecostés, la comunidad cristiana se estableció explícitamente como verdadero Israel, heredera de las promesas hechas a los patriarcas. El derramamiento del Espíritu fue el cumplimiento de la profecía de Joel (Hechos 2:17-21) y, en su resurrección, Jesús fue reivindicado como el Mesías de Israel (Hechos 2:36).

El Dios que por medio de Abraham había prometido sus bendiciones a los gentiles designó también a Jesús como luz para revelación a los gentiles (Lucas 2:32). Esto llevó a Pablo a declarar que la llamada de Dios iba dirigida a todo ser humano (Romanos 9–11). Así se establece, según Donald R. Heiges y otros especialistas en estos estudios, una transición del pueblo de Israel ligado por lazos de sangre con Abraham y su descendencia, al pueblo de Dios constituido por el Espíritu de Dios en el cuerpo de Cristo. El mismo Dios que llamó a Israel para ser su pueblo, ahora llama a la Iglesia para realizar sus propósitos en el mundo.

Es importante señalar que en el Nuevo Testamento la palabra llamada también se refiere consistentemente a la convocatoria que Dios nos hace para una vida de fe. Si es cierto que Dios llama a ciertas personas a realizar tareas específicas dentro de la iglesia (1 Corintios 12:4-11), también es cierto que llama a toda la iglesia a una vida de santidad en todas sus relaciones (1 Corintios 1:2). Finalmente, algunos pasajes del Nuevo Testamento señalan que esta llamada de Dios se puede referir a tareas más comunes en la vida de todo creyente: «Y todo lo que hagáis, hacedlo de corazón, como para el Señor y no para los hombres» (Colosenses 3: 23). Este pasaje invita a quienes siguen a nuestro Señor Jesucristo a considerar toda tarea como algo que hacemos en servicio a nuestro Señor.

Las semejanzas en el uso de estas varias dimensiones del significado del término vocación tanto en el Antiguo como en el Nuevo Testamento no son accidentales. Ya que Dios eligió a Israel para ser su pueblo y le libertó de su cautiverio, Dios esperaba de su pueblo un tipo de comportamiento especial en sus relaciones con Dios, entre unos y otras, y con el resto del mundo. De la misma forma Dios nos libera por medio de Jesucristo para que nuestra relación con Dios, en la comunidad de fe y en nuestras relaciones con el resto de la creación, dé testimonio de una fe activa en el amor, sellada por la sangre de un nuevo pacto. Hay sólo una llamada de Dios, y esta llamada demanda la totalidad de la vida del creyente, tanto en la comunidad de fe, como en el mundo. Este es el significado del término vocación en las Escrituras.

Para entender con más precisión el significado de estos y otros pasajes de la Biblia sobre la llamada o la vocación cristiana, podemos dar una breve mirada a la manera en la que ciertos creyentes a través de los siglos los han interpretado y encontrado en ellos el significado y propósito de su llamada.

Debemos comenzar este estudio señalando que través de los años la manera en la cual los cristianos y cristianas han entendido su vocación ha variado significativamente. En la medida en que la realidad social en la cual viven se transforma, el entendimiento de su llamado cobra un significado diferente.

Robert L. Calhoun, en su estudio sobre el trabajo y la vocación en la historia de la iglesia, señala que durante los primeros cuatro siglos del desarrollo de la fe cristiana quienes seguían las enseñanzas de Jesucristo eran un grupo pequeño, pero creciente, de personas cuya decisión les había llevado en muchos casos a romper con sus familias y su antiguo estilo de vida. La respuesta a su llamada les separaba automáticamente de participar en gran parte de las expresiones dominantes de su sociedad. Por éstas y otras causas la persecución de personas cristianas fue esporádica y limitada a ciertos lugares; pero en el imperio Romano, donde vivía la mayoría de los cristianos, su rotunda negativa a participar en los sacrificios del culto imperial podía llevarles al arresto, la tortura y aun la muerte. Bajo estas condiciones la pregunta vocacional fundamental para estos creyentes consistía primeramente en su decisión de aceptar la fe cristiana; y, en segundo lugar, en su disposición a ejercer la expresión pública de su testimonio de fe. En este contexto es importante señalar que, a pesar de la actitud hostil del imperio y de la cultura dominante contra el pueblo creyente en desarrollo, éste resistió la tentación a caer en la postura característica de los gnósticos, marcionitas, y otros grupos religiosos sectarios de aquel tiempo que, en su condena al mundo material en que vivían, escapaban del mundo mediante su reclusión ascética. Si es cierto que para la comunidad cristiana primitiva la salvación era una promesa escatológica que trascendía la realidad histórica presente, también era importante señalar que el mundo no solamente había sido creado por Dios, sino que Dios reinaba sobre lo material con infinito amor y misericordia.

En el siglo cuarto, luego de la conversión del emperador Constantino al cristianismo, el problema para los creyentes fue distinto. A partir de entonces, y cada vez más, confesar la fe cristiana se fue volviendo una de las formas más convenientes para triunfar en la sociedad. Numerosísimas conversiones inundaron a la iglesia. Sin embargo, para muchos creyentes en un imperio cuya gloria descansaba en victorías militares brutales, caracterizado por la decadencia moral en la administración política y la violencia obscena en la expresión popular, el vivir a plenitud en tal cultura el llamado a la vocación cristiana requería un cambio radical. Algunos de estos creyentes decidieron salir de las ciudades y moverse al desierto construyendo monasterios, dando así testimonio de su llamada a una vida de radical negación de sí mismos, para preservar el desafío dramático de las enseñanzas cristianas a «...que anduvierais como es digno de Dios, y que os llamó a su Reino y gloria» (1 Tesalonicenses 2:12).

Tanto Basilio, el gran obispo de Cesarea en lo que hoy es Turquía, como San Agustín, obispo de Hipona en el norte de África, insistieron en sus obras y en su administración eclesiástica que esta disciplina se aplicaba, no sólo a quienes se habían apartado de la sociedad para vivir en los monasterios, sino también a toda expresión de la vida del creyente. Para estos líderes de la iglesia que vivían en un tiempo peligroso y tormentoso, la vida de la comunidad de creyentes era una indicación clara de la continua presencia de Dios en la historia. Esta perspectiva difería tanto del entusiasmo característico de la iglesia primitiva en su expectativa de un súbito y apocalíptico fin de los tiempos, como de los esfuerzos de los creyentes del tercer y cuarto siglos que se enfrascaron más plenamente en la vida secular del imperio. Como los primeros creyentes, estos líderes de la iglesia veían al mundo secular moviéndose hacia su ruina final, sin poder encontrar refugio en ningún logro humano. Pero siguiendo la pista de algunos líderes cristianos que durante estos siglos habían expresado una visión más balanceada en su discernimiento, tanto Agustín como Basilio percibían la acción creativa y redentora de Dios en la historia que colocaba al esfuerzo fiel del ser humano bajo una perspectiva más auténtica y un significado más glorioso.

Para el año 400, la parte occidental del Imperio Romano sufrió un colapso ante la invasión de una multitud de pueblos germánicos. Durante los siglos séptimo y octavo, los ejércitos musulmanes conquistaron el norte de África. Con el colapso del Imperio, se hizo difícil el comercio, reduciéndose así las ciudades y la artesanía. El patrón de la división social medieval consistía de quienes se dedicaban a la oración (sacerdotes, monjas y monjes), quienes peleaban las batallas (los nobles), y quienes trabajaban la tierra (mayormente siervos y campesinos). En contraste con la situación característica de la iglesia primitiva, por cerca de mil años durante la Edad Media la gran mayoría de los cristianos se habían formado y criado en la iglesia, rodeados de otras personas cristianas. Su principal desafío no era el de seguir a Jesucristo. Lo crucial para estos creyentes consistía en el tipo de testimonio cristiano al cual habían sido llamados. Un número de ellos se sintieron llamados al sacerdocio; otras personas a la vida en monasterios; y aún otros a ser frailes errantes—es decir, a una vida célibe en servicio de la iglesia. Para los creyentes en la época medieval, responder al llamado de la vocación cristiana consistió casi exclusivamente en unirse al sacerdocio o a algún tipo de orden monástica. Debemos también mencionar que durante este período personas laicas, y mayormente bajo su propia iniciativa, organizaron órdenes militares cuasi monásticas (templarios, hospitalarios, y varias otras órdenes de monjes guerreros) de orientación prominentemente conservadora que se convirtieron en la contrapartida de las órdenes monásticas clericales. Sin embargo, si el laicado medieval llegó a considerar algún tipo de llamado como tal, éste probablemente consistía en la producción de suficientes hijos e hijas para evitar la disminución de la población bajo las condiciones de un alto nivel de mortandad. No hay duda que para la mayoría de las personas durante esta época el trabajo no se concebía como el espacio para la realización humana, ni siquiera para contribuir a la gloria de Dios. El trabajo era más que nada un recurso para sostener a la familia.

Alrededor del año 1500, muchas de las ideas europeas sobre la vocación comenzaron a variar debido a los cambios sociales y religiosos de ese período. La creciente complejidad de la sociedad empezó a ofrecerles mayores oportunidades a las personas. Un campesino podía ahora trasladarse a alguna de las nuevas ciudades con su familia para dedicarse a un oficio que no fuera trabajar la tierra. Quienes tenían algo de dinero podían invertirlo en proyectos comerciales que generaban grandes ganancias. Personas aventureras y con ansias de transformar sus vidas tenían la oportunidad de comenzar una nueva vida en las tierras de América. En el caso de personas religiosas, se comenzaron a experimentar nuevas formas de devoción espiritual combinando su dedicación a la fe con trabajos seculares y responsabilidades familiares.

Es importante señalar que con el crecimiento de la iglesia cristiana desde tiempos de Constantino, ésta comenzó a incorporar un gran número de elementos institucionales. Los oficios o cargos eclesiales comenzaron a reemplazar a un liderato carismático original, surgiendo también la idea de que los clérigos eran llamados a una mayor dignidad, por virtud de su oficio. Para el siglo doce, esta gradual pero persistente tendencia llegó a tal apogeo, que para la cristiandad medieval la palabra «vocación» generalmente se reducía a quienes eran iniciados al sacerdocio, o también a aquellos hombres y mujeres dedicados a la vida monástica. Cada vez más, quienes se dedicaban a las órdenes religiosas o ejercían posiciones oficiales en la iglesia disfrutaban de un mayor privilegio social, disminuyendo también el carácter servicial de su oficio religioso.

Fue en reacción a esta perspectiva que Martín Lutero desarrolló sus enseñanzas sobre la vocación del creyente. Como bien afirma el historiador luterano D. Michael Bennethum, la provocadora postura de Lutero establecía que no era necesario abandonar lo específico y característico de la vida cotidiana por un oficio religioso o eclesial de mayor piedad y prestigio social. Las acciones humanas de quienes realizan cualquier tipo de labores en la sociedad son honorables si persiguen el enriquecimiento de las vidas de otros seres humanos, y contribuyen a la realización de los planes de Dios para toda la creación.

En la teología medieval, el sacramento de la ordenación dividía al pueblo cristiano de la época en dos categorías: la clerical y la correspondiente al laicado. En contraste, para Lutero el sacramento del bautismo establecía el llamado de Dios a toda persona y por lo tanto, la dignidad de todo creyente en cualquiera de sus labores. Como toda otra de sus perspectivas teológicas, las enseñanzas de Lutero sobre la vocación se derivan de su entendimiento de la justificación del creyente por la gracia mediante la fe. Es a través de la iniciativa divina y la obra salvífica de Jesucristo que toda persona encuentra su identidad cristiana. Nuestra sujeción al pecado puede llevarnos a pensar en nuestras ocupaciones seculares de manera negativa, tal como lo hacía la tradición monástica contra la cual Lutero reaccionaba. Pero si tomamos en cuenta la realidad de nuestra justificación por la iniciativa de la gracia de Dios, estos mismos oficios y labores pueden entenderse como avenidas para expresar nuestra vocación de glorificar a Dios, mediante el servicio en respuesta a las necesidades de nuestros semejantes.

Esta perspectiva teológica de Lutero también tenía su fundamento en la afirmación bíblica del sacerdocio universal de todos los creyentes. En su obra *A la nobleza cristiana de la nación alemana* acerca del mejoramiento del estado cristiano (del año 1520), Lutero afirma que «...por el bautismo todos somos ordenados sacerdotes, como San Pedro dice, "Vosotros sois un sacerdocio real y un reino sacerdotal" (1 Pedro 2:9). Y en el Apocalipsis, "Y por tu sangre nos has hecho sacerdotes y reyes" (Apocalipsis 5:10)».

Para Lutero, el denominador común al entendimiento de la vocación y la afirmación bíblica del sacerdocio universal de todos los creyentes se encuentra en la insistencia en que, en el corazón de la respuesta de la persona al llamado de Dios, descubrimos el tremendo deseo de amar y servir a nuestros semejantes. La iniciativa generosa de Dios en la obra redentora de nuestro Señor Jesucristo mueve al creyente a redirigir su foco, no ya hacia sí mismo, sino hacia Cristo, el único que puede lograr la salvación, y hacia sus semejantes, en quien Cristo se encuentra presente. Según Lutero, el gran error del sistema monástico estaba en reducir el servicio a Dios a prácticas «religiosas», y en alejarse de las actividades «mundanas». A Lutero le enojaba que, a pesar de toda su piedad, la vida monástica no ofreciera un impacto significativo para la transformación de la sociedad. Las llamadas labores y oficios «veniales» contribuían de manera mucho más tangible a responder a las necesidades de los seres humanos. Esta línea de razonamiento le llevó, en la traducción que hizo de la Biblia a su idioma vernáculo, a proponer la palabra *Beruf* (palabra común en alemán para referirse a una ocupación) como equivalente a lo que en el griego original del Nuevo Testamento expresa la palabra *klesis*—que ya anteriormente hemos señalado que se traduce como «llamada». Debemos añadir que la convicción de Lutero de que toda persona tiene una llamada, y que ésta puede realizarse en cualquier oficio o labor humana, llegó a interpretarse como un argumento en contra de la movilidad social del creyente. Los límites de este estudio no me permiten resolver este asunto. Aunque no es mi intención librar de problemas y limitaciones la contribución de Lutero en este tema, debo indicar que para mi entender, el pensamiento de Lutero tiene una serie de contribuciones muy importantes sobre este punto.

Aunque para Lutero toda ocupación, oficio, o labor humana podía llegar a convertirse en un espacio para realizar el llamado de Dios, siempre que no fuera deshonesto o destructivo a la sociedad, él también comprendía que estas ocupaciones, oficios y labores traen sus dificultades y frustraciones. A pesar de que instaba a los creyentes a mantenerse en sus puestos o condiciones sociales, su perspectiva no era la de oponerse a la movilidad social de las personas. Tampoco era la de asumir que la plenitud de la vocación del creyente se reduce a mantenerse rígida y exclusivamente en la realización de una ocupación en particular. Él mismo experimentó los beneficios de cambiar de posición y condición social (de ser hijo de un minero, a estudiar leyes, convertirse en predicador, y luego en profesor de Biblia) para entender y realizar la llamada de Dios para la plenitud de su vida. Y en varios de sus escritos establecía que tanto el matrimonio como la paternidad o la maternidad también deberían entenderse como llamadas a los creyentes. Lo que sí era importante para Lutero era aclarar que la presente posición o condición particular del creyente no es necesaria para complacer a Dios, y que las dificultades y frustraciones de todo oficio deben llevar al creyente a renovar su fe mediante la palabra y los sacramentos para recibir la iniciativa continua y generosa de Dios para superar tales dificultades y frustraciones en cualquier labor o posición social en que se encuentre. Es mediante la gracia divina y la fe que Dios nos libera para la realización plena de nuestra vocación cristiana. Ser fieles en cualquiera de nuestros oficios y labores nos libera para servir al prójimo y asegurarnos del significado y propósito de las tareas ordinarias de nuestra vida cotidiana. En su importante estudio sobre el concepto de vocación en las obras de Lutero, publicado bajo el título de *The Christian Calling: Luther on Vocation*, Gustav Wingren afirma que la crítica que se le ha hecho al reformador alemán de limitar la vocación del creyente a una ocupación específica debe entenderse en el contexto de lo que para Lutero es la dinámica existente entre la ley y el evangelio, o lo que él concibe ser la libertad del creyente, cautiva del poder creativo de Dios. A veces, señala Wingren, la realización de nuestra vocación se nos presenta como la sujeción a una realidad preestablecida y fija; pero en otras ocasiones el ser humano, mediante la fe y el amor, se sobrepone a lo estático de esta experiencia externa estableciendo así su libertad y poder recreativo frente a lo dado de su condición. Ciertamente esta precisa y casi sencilla dimensión de la ética de Lutero tiene como fundamento su convicción en el continuo poder recreativo de Dios. La dualidad de estabilidad y movilidad es peculiar a la perspectiva de Lutero sobre la creación. La «solución» puede que se encuentre en el simple hecho de que tanto Dios como el demonio se encuentran siempre presentes. El último utiliza para sus propósitos una vocación estática, a lo que Dios responde con una nueva creación liberada.

En el caso de Juan Calvino, para quien también la vocación de la persona creyente incluía todo tipo de oficio, esta variedad de ocupaciones y labores, si se realizaban con dedicación y esmero, recibían el favor de Dios. Donald K. McKim, en su interesante estudio sobre el tema de la vocación en la teología protestante titulado *Major Themes in the Reformed Tradition*, señala que, a diferencia de Lutero quien asumía que en el contexto de la sociedad feudal de su tiempo todo creyente podía encontrar con facilidad su oficio o llamada dejándose llevar por su lugar, estado, o posición social, Calvino, en su *Institución de la religión cristiana* nos urge a la búsqueda intencional de nuestra vocación particular para dar cuenta en nuestras vidas de nuestro testimonio de fe. En el pensamiento de Calvino, esta variedad de ocupaciones y oficios le servían al creyente como especie de atalaya o torre de vigía para evitar la búsqueda sin rumbo de su vida cristiana, dándole a la misma un sentido de propósito y estabilidad. Esta peculiaridad en la perspectiva teológica de Calvino no le cegó al hecho de que cada uno de estos oficios puede también ser enajenante, por lo cual incluso sugiere que en distintos momentos de su vida la persona creyente puede estar llamada a varios tipos de servicios o labores. Además, para Calvino, cuando se trataba de algunos oficiales de gobierno, su vocación cristiana les requería la defensa de los derechos del pueblo ante los deseos de todo tirano. Según William Placher en su libro *Callings*, esta última convicción llegó a tener implicaciones políticas y sociales muy importantes tanto en la Europa del siglo XVI como en la expansión protestante en las Américas en siglos posteriores. Es también una enseñanza de fe que recobra aspectos proféticos importantes de la vocación del creyente en los primeros siglos del surgimiento de la iglesia.

Como señalan algunos historiadores, estas diferencias entre Lutero y Calvino puede que se deban al cambio en el tiempo en el cual cada uno de ellos elaboraba sus enseñanzas sobre el tema. Por otro lado tenemos que recordar que a diferencia de Lutero, quien recibió el apoyo de los príncipes alemanes y del elector de Sajonia, Calvino es un desterrado que escribe en el exilio y para un gran número de gente, en su mayoría desarraigada, lo cual puede servirnos de paradigma para el pueblo latino en Norteamérica.

Las ideas de reformadores como Lutero y Calvino sobre la vocación cristiana hicieron un fuerte impacto en las regiones protestantes de Europa. A principios de la reforma luterana (1520), del seis al diez por ciento de la población en Alemania eran sacerdotes, frailes, monjes y mujeres en diversas órdenes religiosas. Una generación después, en los territorios protestantes, el número había disminuido en una tercera parte. Gran parte de los monasterios habían sido cerrados, y la mayoría del clero se había casado. De entonces en adelante, al menos entre sectores protestantes, la vocación cristiana no se limitó a quienes se dedicaban a oficios eclesiales o a la vida religiosa en o fuera de los monasterios. Todo creyente tenía por lo menos dos tipos de vocación. Una era la llamada a ser parte del pueblo de Dios (para Lutero, la llamada espiritual), y otra la llamada a participar en un tipo particular de tarea en la sociedad (para Lutero, la llamada externa).

Otros reformadores, cuya posición en este asunto no era tan diferente a las de Lutero o Calvino, trataron de generar cambios en la sociedad con sus nuevas perspectivas teológicas, pero también estaban dispuestos a negociar y llegar a acuerdos con líderes políticos de sus territorios para adelantar la reforma teológica y religiosa que propugnaban. Los líderes de la llamada «reforma radical», fueron más impacientes. Para estos creyentes, la importancia de vivir de acuerdo a su entendimiento de la fe les llevó a una vida aislada en comunidades alejadas de quienes diferían de sus ideas, para dar ejemplo de sus convicciones religiosas, y no comprometerlas a otros intereses. Grupos como los menonitas (seguidores de Meno Simons) en Holanda y el norte de Alemania y los hutteritas (seguidores de Jacobo Hutter) en Suiza y Moravia llevaban vidas sencillas, compartiendo lo que tenían, sospechando de las intenciones de los gobiernos establecidos, y oponiéndose a toda guerra o violencia.

Líderes de la Iglesia Católica Romana se enfrascaron en buscar nuevas formas de defender principios antiguos. Para la mayoría, la vocación cristiana aún se entendía en términos del sacerdocio ordenado y la vida monástica. Ignacio de Loyola, fundador de la orden de los Jesuitas, desarrolló una de las más poderosas defensas de estos principios. En España, Teresa de Ávila dio muestras de la gran pasión que aún se podía expresar en la vida monástica. En México, Sor Juana Inés de la Cruz mostró cómo la vida de una monja podía servir, no sólo de escape a las demandas y limitaciones sociales, sino también de contexto para la vida de una escritora y pensadora en su producción teológica.

En los últimos siglos, los patrones y entendimientos sobre el significado de la vocación cristiana continúan cambiando. Las grandes transformaciones sociales, históricas, políticas, económicas y culturales producidas desde la revolución industrial, y otros adelantos en el pensamiento humano, han sido de gran impacto tanto en la movilidad social de las personas, así como en los patrones culturales de las familias, creando mayores opciones para la realización de nuestras ocupaciones y labores, pero también confrontándonos con nuevos problemas y desafíos.

A pesar de lo liberadora que llegó a ser para muchos creyentes la afirmación de líderes de la Reforma Protestante del siglo XVI de que casi todo tipo de ocupación podía llegar a convertirse en el espacio para la realización de su vocación cristiana, tenemos que admitir que en nuestros días no podemos considerar un gran número de trabajos y labores como espacios para la práctica de nuestra vocación cristiana, pues en muchas de ellas vemos y experimentamos, como señaló el filósofo y sociólogo alemán Kart Marx, una dimensión enajenante. Las tareas rutinarias en las líneas de ensamblaje de las fábricas, la extrema ansiedad de producción que consume a las personas en muchas de sus presentes ocupaciones, y nuestra creciente conciencia de la dificultad, por parte de personas física y mentalmente impedidas, para encontrar trabajos adecuados, nos llevan a resistir la tendencia de identificar nuestra llamada a la vocación cristiana con un oficio particular.

En años recientes, un creciente número de creyentes en diferentes partes del mundo han llegado a sentir—probablemente por primera vez desde los primeros siglos del desarrollo de la Iglesia—que no viven en una sociedad cristiana. Esto sugiere no sólo que vivimos en un contexto de pluralismo religioso, sino también que los valores espirituales dominantes de nuestra cultura, principalmente la expresión escandalosa del placer sexual, la experiencia de la violencia en sus variadas dimensiones y el deseo desenfrenado de riquezas materiales, son indicativos de que vivimos en un período post-cristiano.

Bajo estas condiciones, ¿cómo podemos entender el sentido y propósito de la llamada a nuestra vocación cristiana? Para algunos creyentes y líderes religiosos contemporáneos como Jacques Ellul, James Y. Holloway y Stanley Hauerwas, la respuesta ha sido evitar la tentación de identificar el llamado con un oficio o labor específica. Para otras figuras religiosas antes mencionadas, como Placher y Bennethum, la solución está en afirmar la diversidad de expresiones concretas en las cuales se puede experimentar este llamado. Para representantes del pueblo latino en la diáspora de la sociedad norteamericana, la tarea es contribuir a este diálogo mediante el discernimiento de las varias maneras y formas en que la presencia de Dios se ha convertido en sostén y estímulo para provocar y dirigir nuestro testimonio de fe en el transcurso de nuestra experiencia histórica.

En su importante estudio sobre la aportación teológica del pueblo latino en Norteamérica, titulado *Mañana: Christian Theology from a Hispanic Perspective*, Justo L. González argumenta que durante el siglo XX ocurrieron cambios muy significativos en la forma de entender la naturaleza y misión de la iglesia cristiana. Como historiador de la iglesia, González encuentra que el impacto de estos cambios es tan significativo, que se podrían comparar a aquellos que llevaron a la reforma de la iglesia durante el siglo XVI. González describe estos acontecimientos o nuevas condiciones como «macroeventos», y entiende que son de tal magnitud y alcance que sólo podemos reconocerlos si tomamos distancia de la experiencia cotidiana para tratar de entender profundamente las tendencias de los últimos siglos. En su libro examina tres de estos macroeventos: primero, el fin de la era constantiniana; segundo, el fracaso del norte al prometer a la humanidad una nueva era de prosperidad; tercero, la creciente autoconciencia de sectores humanos que hasta tiempos recientes se habían mantenido en silencio. También señala que estos eventos pueden traer cambios más drásticos que los que tuvieron lugar en el siglo XVI. Uno de estos cambios es el despertar de la conciencia de quienes por largo tiempo se habían mantenido en silencio y ahora elevan sus voces para reclamar una autoridad que por siglos les fue negada. En Norteamérica, esto se hace presente en las voces de las mujeres y de representantes de varios sectores étnicos y sociales sujetos a la marginación por causa de su raza, nacionalidad, orientación sexual y otros muchos prejuicios. En el contexto específico de la iglesia, estas voces llevan hacia una nueva reforma, es decir, a provocar la reformulación del ministerio, misión y teología de la iglesia.

Para el pueblo latino, la participación en esta «reforma del siglo XX» nos desafía a recobrar, no sólo aquellos elementos fundamentales de nuestra realidad social e histórica que le dan sentido a nuestra identidad de pueblo, sino también esos elementos centrales de nuestra fe que hacen posible una renovación continua de nuestra comprensión y confesión pública del evangelio. La meta principal de nuestra contribución no es establecer el dominio de una perspectiva particular sobre las otras, sino tomar en serio nuestra vocación cristiana de llamar a toda la iglesia a la obediencia en un contexto radicalmente ecuménico e interreligioso. Esta nueva reforma tiene como meta primordial un diálogo y colaboración con toda iglesia, con otras expresiones religiosas, y con los muchos movimientos, ideologías, partidos y programas comprometidos con la promesa de Dios de plenitud humana, justicia social y responsabilidad por toda la creación.

En las próximas secciones presentamos varios ejemplos de este testimonio de fe para así enriquecer la discusión sobre el tema específico de este estudio.

PREGUNTAS PARA DISCUSIÓN

1) ¿Cómo entiende usted la vocación cristiana?

2) ¿Cuáles otros ejemplos de personas que fueron llamadas por Dios para una tarea específica en el Antiguo Testamento (Escrituras sagradas hebreas) podría usted mencionar?

3) ¿Cree usted que las mujeres que en el Nuevo Testamento seguían a Jesucristo recibieron también una llamada de Dios para realizar su vocación cristiana? Ofrezca algunos ejemplos de la vocación cristiana a la cual fueron llamadas algunas de ellas.

4) ¿Cree usted que hoy algunos creyentes sufren persecución por responder a su vocación cristiana tal como la sufrieron otros y otras creyentes en los primeros siglos de la historia de la iglesia? Mencione algunos ejemplos de creyentes que hoy sufren persecución por responder a la llamada de Dios.

5) ¿Cómo compara usted la experiencia cristiana después del siglo IV con la de quienes hoy viven en sectores sociales de riqueza material, o con quienes siguen a líderes religiosos que predican la teología de la prosperidad?

6) Si viviera durante la Edad Media, ¿optaría por realizar su vocación cristiana como sacerdote, fraile o miembro de una orden cristiana? De no optar por ninguna de las anteriores opciones, ¿a que otra vocación se sentiría llamado o llamada?

7) ¿Cree usted que el entendimiento de Lutero sobre el sacerdocio universal de los creyentes—varones y mujeres—contribuyó a un mejor entendimiento de la llamada de Dios que encontramos descrita en la Biblia? Explique su entendimiento de esta enseñanza de Lutero y su relación con el ministerio y misión de la iglesia.

8) ¿Cuáles son los desafíos que según su entendimiento confronta esta enseñanza de Lutero sobre el sacerdocio universal de todo el pueblo de Dios?

9) Tomando en consideración lo leído en este capítulo, ¿cuáles son las enseñanzas que le parecen más importantes para usted?

10) Mencione algunos asuntos que no fueron tratados en esta sección y que usted sugiere podrían enriquecer el tema que se ha trabajado.

2

La llamada al ministerio pastoral

«Yo soy el buen pastor; el buen pastor da su vida
por las ovejas». (Juan 10:11)

Como profesor de la Escuela Luterana de Teología en la ciudad de Chicago, una de las responsabilidades que comparto con el resto de la facultad es la de predicar regularmente en la capilla. En cierta ocasión, el texto del evangelio de Juan arriba mencionado era el fundamento bíblico establecido para el servicio de adoración al cual fui asignado. Esto me dio la oportunidad de hacer una reflexión sobre la llamada a la vocación pastoral tomando como uno de los recursos el trasfondo histórico de mi identidad hispánica.

En mi preparación para esta reflexión homilética sabía que para quienes representan los sectores administrativos de la iglesia, uno de los asuntos más importantes de la formación ministerial tiene que ver con la visión de liderazgo que han de proyectar las personas que serán llamadas a ejercer oficios ministeriales en la iglesia, especialmente quienes han de servir en el oficio pastoral de la palabra y los sacramentos. Por aquel entonces estaba en circulación un libro escrito por el anterior alcalde de la ciudad de New

York, Rudolph W. Giuliani, titulado *Leadership*. En su libro, Giuliani resumía lo que para los grupos dominantes en la sociedad norteamericana después de los trágicos eventos del 11 de septiembre de 2001, se consideran principios imprescindibles del tipo de liderato que necesita nuestra sociedad actual. A mi entender, la propuesta de Giuliani no sólo representa una perspectiva ideológica del tipo de liderato que ha sostenido el proyecto de expansión imperialista norteamericano durante todos estos siglos, sino que se encuentra diametralmente opuesta al tipo de liderato al cual nos llama nuestra vocación cristiana.

La imagen del buen pastor es el modelo bíblico por excelencia para referirse al tipo de liderato que ha de caracterizar el ideal cristiano. Tanto en el Antiguo como en el Nuevo Testamento (Ezequiel 34, Salmo 23, Salmo 80:1, Jeremías 31:10, Juan 10), éste es el modelo que se exalta como patrón del propio liderazgo de Dios, y característico de quienes han recibido la llamada de Dios para dirigir a su pueblo durante su peregrinación en este mundo. Moisés y David fueron pastores antes de haber sido llamados a ejercer posiciones de liderazgo en el pueblo de Israel (Éxodo 3:1-10, I Samuel 16:11-13, Salmo 70:70-72). En la Biblia, como en otros escritos antiguos, a los reyes, gobernadores y líderes religiosos se les distingue como «pastores del pueblo» que se responsabilizaban por su bienestar. En el capítulo 34 del libro de Ezequiel se encuentran varias instancias en las cuales los profetas censuran a «los pastores de Israel»—es decir, a los reyes y líderes que por su tipo de vida y acciones descuidaban sus rebaños, los oprimían, o los llevaban por caminos extraviados. Sin embargo, debemos señalar que en los escritos bíblicos sobresale la esperanza del pastor que vendrá para apacentar a su pueblo, reemplazando a quienes se mostraron infieles a su llamado (Isaías 40:10, Jeremías 23:1-4, Ezequiel 34:2-10, Miqueas 4:6). Según J. M. Bover, la Biblia utiliza muchas de las características positivas del pastor fiel para describir el cuidado que nuestro Señor Jesucristo tiene de su rebaño. El pastor era responsable por cada uno de los animales que formaban el rebaño confiado a su vigilancia (Éxodo 22:10-13; Juan 10:28); era valeroso y diligente (Génesis 31:40, 1 Samuel 17:34, 35, Juan 10:15); expresaba cariño y protección para los débiles (Génesis 33:13, Isaías 40:11, Marcos 10:14, 16); encontraba a la oveja perdida y la traía del valle de sombra y de muerte a pastos delicados y aguas de reposo (Salmo 23, Lucas 15:4-7).

Es interesante señalar que tanto en las iglesias protestantes como entre algunos creyentes católicos se llama a los ministros «pastores». Esta práctica tiende a seguir la idea presente en el capítulo tres del libro de Jeremías, donde Dios promete proporcionar a su pueblo líderes que cuiden y atiendan las necesidades de sus seguidores: «os daré pastores según mi corazón, que os apacienten con conocimiento y con inteligencia» (Jeremías 3:15). Siguiendo el uso neotestamentario del término «pastor», éste tiene la misma función en la iglesia que el término «anciano», es decir, «presbítero» u «obispo». Estas tres palabras se refieren a un mismo ministerio, aunque en algunas iglesias se hacen distinciones entre cada uno de estos términos para establecer diferencias —particularmente diferencias administrativas.

Este modelo bíblico del pastor siempre me ha provocado un sentido de incomodidad, ya sea porque la mayor parte de mi vida se ha dado en contextos urbanos, o por mi disposición a un tipo de liderazgo distinto. En todo caso, si hemos de juzgar por los patrones dominantes en nuestra sociedad, nuestra tendencia será la de desafiar, cambiar, o rechazar este modelo bíblico. Lo que el mundo de hoy considera ideal en términos de liderazgo es tan distinto de este modelo bíblico, que uno de los grandes desafíos para la iglesia del presente en sus esfuerzos por desarrollar líderes es trabajar con el contraste tan significativo que existe entre estos dos modelos.

Para ilustrar este conflicto, sugiero que tomemos como ejemplo la definición de liderazgo propuesta por en su libro antes mencionado Rudolph W. Giuliani, quien en las campañas electorales del 2008 fue uno de los varios pre-candidatos por el Partido Republicano para la presidencia de los Estados Unidos de Norteamérica. Luego de los penosos eventos del 11 de septiembre de 2001, Giuliani, entonces alcalde de la ciudad de New York, llegó a ser uno de los héroes nacionales, y su importancia al sugerir y tratar de establecer los criterios para líderes en el país fue de tal magnitud que la prestigiosa revista *Time* le confirió ese año la distinción de «Personaje del año».

En el 2002, Giuliani publicó su libro *Leadership*, donde provee una cándida exposición de los principios centrales de su estilo de liderazgo. Para él, un buen líder 1) se rodea de gente decidida; 2) desarrolla y comunica fuertes creencias; 3) toma sus propias decisiones; 4) establece el ejemplo a seguir; 5) confronta a personas amenazantes; 6) ejecuta tareas siguiendo prioridades establecidas; 7) valora la lealtad; 8) se prepara impetuosamente; 9) realiza más de lo que promete; y, finalmente, 10) se hace presente a las personas en tiempos de grandes dificultades—más que nada en exequias fúnebres.

Según el editor del libro, al detallar estos principios con cautivantes historias, tanto personales como prescriptivas, Giuliani muestra formas mediante las cuales sus destrezas de liderazgo pueden se empleadas con éxito por toda persona. Siguiendo esta línea de razonamiento, un gran número de representantes de la iglesia en nuestros días pueden llegar a considerar esta perspectiva como algo valioso que ha de ser incorporado en la práctica del ministerio.

Si el modelo bíblico del buen pastor me causa incomodidad, la propuesta de Giuliani de un poderoso, agresivo, beligerante, e imponente líder me produce una gran preocupación. El fundamento de esta preocupación se encuentra en lo que para un número de personas que se especializan en los estudios de las ciencias sociales, y para el mismo Giuliani, es el mito del «destino americano». Este destino es el mito o la convicción característica de grandes sectores dominantes del país, según el cual se trata de constituir el pueblo favorecido por sobre todo otro pueblo, con un agudo sentido de elección divina, para la atrevida responsabilidad de servir de luz a todas las naciones del mundo. En el prefacio a su libro, Giuliani afirma que el presidente norteamericano Abraham Lincoln solía decir que la prueba de nuestro americanismo estaba en la medida en que creíamos en «América» (los Estados Unidos), ya que somos verdaderamente como una religión: una religión «secular». Esta creencia religiosa de tipo secular según la cual los Estados Unidos de Norteamérica han sido providencialmente elegidos para un destino especial tiene el peligro de santificar las virtudes de una sociedad a la vez que ignora sus vicios. La posición de esta nación como una gran potencia mundial intensifica este riesgo, ya que cuando el poder se confunde con la virtud puede llevar a la imagen de omnipotencia, causando el mismo tipo de arrogancia que condujo a la decadencia y caída de antiguos imperios en la historia.

Esto se puso de manifiesto cuando el 1ro de octubre del 2001, luego del desastre del las torres de New York, Giuliani se dirigió en un discurso a la sesión especial sobre terrorismo de la Asamblea General de las Naciones Unidas. Su meta en este discurso era proponer en un lenguaje claro la postura fundamental del gobierno de los Estados Unidos de Norteamérica sobre los trágicos acontecimientos acontecidos, y el costo de la falta de disposición en defender estos valores. Con una convicción desafiante y apasionada afirmó que la fuerza de la respuesta de Norteamérica a estos eventos emanaba de los principios sobre los cuales se había establecido la nación. Para este líder del Partido Republicano, las creencias del pueblo norteamericano sobre la libertad religiosa, y sobre política y economía, hacen del país, y de New York, «una ciudad asentada sobre la cima del monte». Con gran determinación declaró en su discurso: «Miren la destrucción y reconozcan que no hay espacio para la neutralidad en este asunto. O están con la civilización, o estén con los terroristas. A un lado están la democracia, el dominio de la ley, y el respeto a la vida humana; al otro lado están la tiranía, las ejecuciones arbitrarias, y el asesinato masivo. Nosotros estamos en lo correcto y ellos están equivocados. El asunto es tan sencillo como eso».

Lo valioso del modelo bíblico de liderazgo es que nos ayuda a resistir la tentación de caer en este modelo de liderazgo que predomina en nuestra sociedad, y a construir otro con un fundamento diferente. En la narrativa bíblica, el buen pastor es una imagen que se ofrece como correctivo al estilo de liderazgo característico de los líderes religiosos judíos de aquel tiempo. En la época de Jesús, las familias sacerdotales que controlaban el templo eran un grupo adinerado, aristocrático y exclusivo de personas llamadas *Saduceos*. Estos líderes religiosos se caracterizaban por ser conservadores en asuntos religiosos, liberales en sus formas de vida, sometidos políticamente a los conquistadores romanos, y generalmente impopulares entre el pueblo.

En contraste con este tipo de liderato, el Evangelio de Juan propone el modelo del *buen pastor*. En este modelo, la relación que se establece entre el líder y sus seguidores es de: 1) unidad íntima y conocimiento mutuo; 2) servicio y no privilegio; y su autoridad se funda en 3) un compromiso de solidaridad y acompañamiento que en ocasiones puede llegar al punto de ofrecer la propia vida como expresión de una generosidad amorosa.

En el Evangelio de Juan se nos presenta a Jesús como el *buen pastor* que da su propia vida por sus ovejas. La imagen del *buen pastor* surge en una situación de conflicto y amenaza de muerte. En este contexto, la dádiva de Jesús—el verdadero y paradigmático *Buen Pastor*—es la vida eterna, que supera la muerte. Este mensaje es proclamado con valor y osadía. Cuando nos atrevemos a proclamar este mensaje confrontamos problemas, no aprobación. La Palabra de Dios establece grandes demandas que cuestionan todo tipo de privilegio indebido y de exclusividad religiosa. La naturaleza amorosa del mensaje cristiano frustra los intereses de quienes buscan sacarle provecho a su posición religiosa—es decir, quienes la utilizan para el dominio en vez del servicio.

Afortunadamente para nosotros esta propuesta bíblica, lejos de ser un ideal para perseguir al final de los tiempos, constituye la descripción del valeroso testimonio de una hueste de líderes cristianos quienes, en fiel obediencia a su llamada a la vocación cristiana, han forjado un valioso e histórico testimonio de fe.

En su conferencia inaugural como profesor en la cátedra Henry Winters Luce de Estudios Ecuménicos y Misión en el seminario teológico de Princeton, Luís N. Rivera Pagán, mi antiguo profesor de teología en el Seminario Evangélico de Puerto Rico, provocó a su audiencia con una reflexión sobre el significado del desafío profético que Bartolomé de Las Casas lanzó a la iglesia y a los gobernantes españoles de su época en dos de sus últimas cartas. Las escribió en 1566, luego de más de cinco décadas de inmensos e inagotables esfuerzos para influenciar y darle forma a la política, tanto del estado español como de la iglesia, sobre el proyecto de América mediante la escritura de incontables textos históricos, tratados teológicos, homilías proféticas, y quejas jurídicas. Temiendo que su larga lucha de toda una vida hubiera sido infructuosa, Las Casas decide escribir dos cortas, pero agudas epístolas, una al Consejo Real de las Indias, la otra al recién electo Papa Pío V, como su última expresión de batalla, restableciendo los principios que habían guiado todos sus esfuerzos. En éstos últimos de sus escritos, Las Casas articula nuevamente lo que había sido su pasión más obsesiva, la de ser el profeta de España, un hombre llamado por Dios para convertirse en hostigador de la conciencia de su nación, ser el defensor de los pueblos autóctonos, en cuya miseria él percibe a Jesucristo, no una, sino miles de veces azotado, insultado, castigado, y crucificado.

Con gran atención y elocuencia, Rivera Pagán exploró las inquietudes subrayadas por este líder cristiano en respuesta a su llamada a convertirse en *buen pastor*, no sólo de su rebaño de origen español, sino también de aquellos y aquellas cuyo origen se encuentra en las Américas. Sus cartas, al igual que el resto de su voluminoso testimonio, son guiadas por dos ideas centrales y conflictivas. Primero, que el encuentro entre cristianos españoles y pueblos autóctonos de América era un momento crucial en la redención escatológica de todas las naciones, y como tal era la manifestación de la gracia divina. Segundo, que España, el pueblo divinamente elegido, probó ser tan rebelde y pecaminoso como el Israel del Antiguo Testamento, y por lo tanto fatalmente podría compartir el mismo y trágico destino.

La conclusión de la carta de Las Casas al Consejo Real de las Indias puede que sea pertinente para desafiar lo que anteriormente señalamos como la tentación a la cual están sujetos los líderes de este país cautivos del mito del «Destino Manifiesto» de Norteamérica. Al final de la carta, Las Casas enumera ocho asuntos importantes para la discusión y reflexión de tal Consejo teológico y jurídico. Primero, todas las guerras usualmente llamadas conquistas han sido y siguen siendo injustas y tiránicas. Segundo, hemos usurpado de forma ilegal los reinados de las Indias. Tercero, todas las encomiendas (esto es, la asignación a hacendados de grupos de indígenas que debían trabajar para ellos a cambio de su manutención) son injustas y tiránicas. Cuarto, quienes las poseen y quienes las distribuyen se encuentran en pecado mortal. Quinto, el derecho del Rey para justificar la conquista y las encomiendas no es mayor que el del turco otomano para hacer guerra contra los cristianos. Sexto, todas las fortunas hechas en las Indias deben ser consideradas como robadas. Séptimo, si los culpables de complicidad en las conquistas y encomiendas no hacen restitución, no recibirán la salvación. Octavo, las naciones indígenas tienen el derecho, que ha de ser suyo hasta el día del Juicio, de hacer guerra justa contra nosotros y borrarnos de la faz de la tierra.

En igual forma, el final de la carta de Las Casas al Papa desafía a la iglesia y a sus líderes tanto en aquel entonces como en el presente con una sorpresiva inversión del entendimiento usual de la expansión global del cristianismo. En el histórico encuentro entre europeos cristianos y los infieles pobladores autóctonos de las tierras de América, la salvación de los cristianos depende de su disposición de restituir todo aquello que han conseguido mediante la conquista y la esclavitud. Ellos, el estado español y la Iglesia Romana, son llamados a hacer penitencia y a suplicar perdón y absolución divina.

El testimonio profético de Bartolomé de Las Casas, que incorpora el modelo del *buen pastor* durante el siglo XVI, es una de las muchas instancias en las que líderes cristianos han respondido, en su propia época, a este desafío bíblico. Tanto el testimonio del obispo Oscar Arnulfo Romero como el del obispo Medardo Gómez, luego del asesinato del anterior, son ejemplos elocuentes de la disposición de estos líderes religiosos de dirigir a su pueblo salvadoreño como buenos pastores durante la terrible experiencia de violencia a la cual fue víctima su país. Las obispas Victoria Cortés, Margarita Ramírez, Patricia Cuyatti y Gloria Rojas son también ejemplos de este tipo de liderazgo en el pueblo luterano latinoamericano. El ya jubilado obispo Mortimer Arias, metodista uruguayo, y una pléyade de cristianos y cristianas, muchos de ellos anónimos, se añaden a esa esplendorosa lista de verdaderos líderes al estilo del buen pastor. El ejercicio de liderazgo de tan numerosos representantes de la iglesia en América Latina enfatiza: 1) una relación íntima de conocimiento mutuo con su pueblo; 2) que el servicio y no el privilegio es lo que consideran central en su llamada a ejercer su oficio; 3) y que tanto el compromiso como la solidaridad, en lugar del poder agresivo e impetuoso, son el fundamento de su autoridad. El ejercicio profético ejemplar de estos líderes del cuidado y defensa de su pueblo fiel más allá de las barreras del género, la raza, la cultura, la orientación sexual, e inclinaciones ideológicas, pone de manifiesto su discernimiento y compromiso con la iniciativa divina de la generosidad del amor. Además, la pastora y profesora cubana Ofelia Ortega nos recuerda que las variadas expresiones del ministerio de la iglesia deben ser comprendidas a la luz del modelo de servicio característico de Jesucristo (Marcos 10:45, Juan 20:21), que nos llama a una vocación de servicio a las necesidades de la humanidad. Para ella, uno de los desafíos más grandes en nuestro esfuerzo por entender la manera en la cual se nos llama a ejercer nuestro liderazgo ministerial radica en la expresión dominantemente patriarcal mediante la cual se han ejercido las variadas formas de liderazgo en nuestro mundo, aun en el contexto característico de los tiempos bíblicos. Según ella, los estilos de liderazgo patriarcal son piramidales y jerárquicos, modelando así un paradigma patriarcal de la realidad que configura un modelo de subordinación de otros seres humanos y de toda la creación. La autoridad, en este estilo, se ejerce desde arriba para dominar sobre todo lo creado.

Inspirada en las contribuciones de la distinguida teóloga norteamericana Letty M. Rusell, especialmente en su obra, *Church in the Round: Feminist Interpretation of the Church*, y en los ejemplos de las figuras bíblicas de Miriam y Jesucristo, la Dra. Ortega describe un estilo de liderazgo en el cual el poder y la autoridad se ejercen de manera creativa, compartida, en un compromiso ecuménico y una afirmación intercultural.

Por otro lado, en su interesante reflexión sobre la relación que existe entre el ministerio y el poder desde una perspectiva de género, la pastora luterana Judith VanOsdol nos indica que nuestra herencia teológica de la reforma protestante del siglo 16 nos ayuda con ciertas claves o ejes teológicos para la expresión de un tipo de liderato que sirva como vehículo para la formación de comunidades de iguales como espacios de liberación y de transformación humana. Entre las claves teológicas mencionadas por VanOsdol se encuentran: 1) el sacerdocio universal de los y las creyentes; 2) la perspectiva teológica trinitaria y relacional, centrada en la doctrina de la justificación por la gracia mediante la fe; 3) la obra y misión de Dios en el mundo a favor de los derechos humanos; y, 4) la perspectiva de la cruz.

La primera de estas claves teológicas nos ayuda a enfocar nuestra atención en el bautismo como fundamento de la expresión ministerial a la cual es llamada toda persona creyente que, independientemente de la identidad de género, participa en la misión de Dios en el mundo involucrándose en las diversas expresiones ministeriales características del testimonio histórico de la iglesia. Tomar en serio nuestro bautismo significa para VanOsdol que al ser personas nombradas, reclamadas y enviadas por Dios al mundo, somos también personas llamadas a superar las profundas divisiones que encontramos entre nosotros y nosotras. Lo que está en juego es la práctica del ministerio como el llamado que Dios hace independientemente de la identidad de género, una comprensión de la vocación cristiana en virtud del bautismo que nos hace iguales, y cómo se estructura el liderazgo cristiano en la misión. El ministerio y el poder vistos desde la óptica de género son temas que deberían ser discutidos en toda la iglesia, porque es la iglesia toda—varones y mujeres—la que es llamada a participar de la misión de Dios en el mundo.

El segundo de estos principios establece la importancia de la expresión relacional como distintivo para nuestro entendimiento del Dios de la fe cristiana—Dios de quien somos imagen y semejanza—que desjerarquiza las relaciones humanas poniéndolas en pie de igualdad. Esto, unido al entendimiento de la justificación por la fe, es fundamental para la elaboración de una práctica de fe más solidaria en nuestras comunidades. Según VanOsdol esto tiene un profundo impacto sobre nosotros, ya que si somos creados a imagen y semejanza de Dios, importa mucho entender a ese Dios-comunión—Dios en tres personas—del cual somos imagen. Resaltar una teología trinitaria implica, a la vez, examinar nuestras relaciones humanas y la igualdad que compartimos por nuestra justificación en Cristo. Esta justificación establece la justicia en nuestras relaciones con Dios, con la naturaleza, y con nuestros prójimos y prójimas. Se hace evidente que el Dios cristiano es un Dios que transforma las relaciones humanas, las desjerarquiza y las pone en pie de igualdad.

El tercer principio teológico destacado por VanOsdol nos recuerda que, además de recalcar la experiencia creyente de la justificación por la fe, la teología de la Reforma del siglo XVI subrayó el poder transformador de Dios en el mundo más allá de los confines de la iglesia. Parte importante de la manifestación de este poder divino se hace presente en los movimientos que luchan por la justicia e igualdad de derechos y responsabilidades humanas, particularmente aquéllos que buscan y proclaman la dignidad y reivindicación de los derechos de las mujeres. Dios obra para el beneficio de la humanidad de distintas maneras, muchas veces más allá de nuestra imaginación; pero siempre lo hace como un Dios de justicia que restaura la dignidad de toda persona. Los movimientos que buscan y proclaman la dignificación y reivindicación de los derechos de las mujeres no pueden ser ignorados ni menospreciados por la iglesia, sino que deben ser vistos como un llamado de Dios al aprendizaje, a la conversión y al compromiso en torno a nuestra visión de la humanidad justificada en Cristo Jesús.

El cuarto y final principio teológico que menciona la autora tiene que ver con la perspectiva de la cruz. El énfasis en esta perspectiva teológica no sólo constituye un rasgo de nuestra identidad evangélica, sino que también contribuye a nuestro entendimiento de una nueva visión de la humanidad justificada en Cristo Jesús, para ayudarnos a luchar contra todo tipo de violencia. Debemos confesar y curarnos de la violencia interna e institucional, cuidándonos de no fomentar más violencia, ni posicionar al hombre contra la mujer, ni a la mujer contra otra mujer. Velar por la participación plena, la superación de la violencia y la inclusión de cada hijo e hija de Dios es una expresión visible de nuestra confesión de fe.

Queremos terminar esta sección haciendo mención de ciertos comentarios importantes sobre el tema del liderato y su relación con el pueblo latino en Norteamérica provistos por la profesora de origen puertorriqueño Zaida Maldonado Pérez. En sus reflexiones sobre el tema, Maldonado Pérez nos indica que, a pesar de que la palabra *Líder* se deriva de la palabra en inglés «leader», por carecer el idioma español de una palabra propia para este término, en un reciente informe producido por la National Community for Latino Leadership titulado, «Reflecting an American Vista: The Character and Impact of Latino Leadership», se encuentra que para el pueblo latino uno de los modelos más importantes de liderazgo es el del *líder de servicio*. Este modelo, en contraste con el de *caciquismo* que impone la autoridad y el control sobre quienes pretende servir y que desafortunadamente predomina en muchas de nuestras iglesias y organizaciones comunitarias, surge del profundo fundamento religioso latino que entiende el liderazgo como una vocación llamada a encarnar el tipo de ofrecimiento de sí mismo modelado por Jesucristo durante su ministerio y misión redentora en la historia.

Para Maldonado Pérez, quien también afirma que la gran parte de nuestros líderes Latinos—mujeres y varones—emergen en el contexto particular de nuestras comunidades religiosas, uno de los grandes desafíos del presente es sustentar el ministerio y misión de dichas instituciones. Este apoyo intencional a nuestras iglesias y organizaciones comunales ha de ser dirigido a facilitar que puedan continuar su tarea de proveer tanto los valores culturales, cívicos, y religiosos, como las prácticas, comportamiento y compromisos que inspiren a nuestro pueblo a involucrarse en aquellas luchas y proyectos que tengan como meta principal el resistir la violencia que domina en nuestra sociedad y condiciona nuestras relaciones. Además, deben trabajar por la justicia, el respeto y bienestar común—especialmente el de las mujeres quienes, aún siendo la fortaleza de nuestras comunidades e iglesias, ven que sus servicios y talentos son raramente reconocidos y en pocos casos se les permite que florezcan.

Siendo esto una meta que va más allá de los recursos de nuestras propias comunidades e instituciones religiosas latinas, Maldonado Pérez propone la invitación a otros sectores sociales y religiosos a unirse a nuestros líderes en esta tarea global de servicio como respuesta de fe a nuestra vocación cristiana.

Al reflexionar sobre la llamada de Dios a unirnos a su iniciativa amorosa para el bienestar de toda la creación, oremos para que el testimonio y orientación de esta hueste de líderes que hemos mencionado nos desafíe a abrazar estas variadas dimensiones del modelo de liderazgo cristiano que hemos descrito en el desarrollo de esta sección, para recibir la inspiración que nos lleve a la disposición de seguir adelante en nuestro presente y futuro ministerio.

PREGUNTAS PARA DISCUSIÓN

1) ¿Qué es lo que usted entiende por liderazgo?

2) Haga una descripción de lo que para usted sería un líder bueno o buena.

3) ¿Qué otros pasajes de la Biblia podría identificar usted para describir lo que debería ser el liderazgo del ministerio pastoral?

4) ¿Está usted de acuerdo con la crítica que el autor de este estudio le hace al tipo de liderazgo que expresa Rudolph W. Giuliani en su libro?

5) ¿Qué elementos se mencionan en esta sección para distinguir el liderazgo cristiano de otros tipos de liderazgo?

6) ¿Cuál es su opinión sobre el tipo de liderazgo modelado por Bartolomé de las Casas en las referencias que hace este capítulo? Señale algunas de sus características.

7) ¿Cuáles son sus comentarios sobre las contribuciones de Ofelia Ortega, Judith VanOsdol y Zaida Maldonado Pérez descritas en este capítulo?

8) ¿Qué añadiría usted a este capítulo para ayudar a entender la llamada a la vocación del ministerio pastoral?

9) ¿Qué cree usted que ofrece modelos de liderazgo que surgen del seno del pueblo latino para entender el liderzgo de la persona creyente desde la perspectiva más amplia de la sociedad norteamericana, en el presente?

10) ¿Cuáles son los elementos del modelo ideal de liderazgo de la persona creyente que usted aspira incorporar en su propio estilo de liderazgo?

3

La llamada al ministerio docente

«El sembrador salió a sembrar». (Mateo 13:3)

Una de las mejores experiencias en mi vida ha sido la de enseñar. Disfruto de la oportunidad de compartir con estudiantes y personas interesadas en el avance de su desarrollo intelectual y en la exploración y análisis de temas interdisciplinarios para mejorar nuestra formación colectiva. Esta experiencia educativa me ha permitido colaborar con mis colegas en el contexto de un consorcio de varias escuelas de teología en la ciudad de Chicago en la formación de líderes religiosos para oficios ministeriales en la iglesia. También he tenido el privilegio de acompañar en sus estudios avanzados a líderes religiosos que se preparan a servir en el claustro de otros seminarios, tanto en este país como en otros, para la formación de hombres y mujeres llamados a colaborar en la gran diversidad de oficios ministeriales. Unos años atrás, recibí la invitación para hablar en la instalación de uno de mis estudiantes y ahora colega, el Dr. Javier (Jay) Alanís, como profesor del Lutheran Seminary Program in the Southwest en la ciudad de Austin, Texas. En la preparación de mi reflexión para esta actividad tomé como fundamento bíblico el pasaje del evangelio de

Mateo arriba mencionado, que nos presenta la imagen del sembrador. Al reflexionar sobre el texto de este pasaje bíblico y sobre mi experiencia de enseñanza por más de dos décadas, vinieron a mi mente un número de ideas importantes sobre la llamada de Dios al ministerio de la enseñanza.

La parábola del sembrador es una de las más conocidas del texto bíblico. Además de ser parte del Evangelio de Mateo, también se encuentra en los de Marcos (4:1-20), y Lucas (8:1-18). Aunque el foco de la historia está generalmente en las distintas clases de terrenos y la cosecha final—el sembrador aparenta tener un papel menor en la historia pues desaparece luego de la oración con la cual comienza el pasaje—en Mateo vemos un esfuerzo por mantener la importancia del sembrador al darle el título, aunque de manera informal de «el sembrador» (Mateo 13:18), por el cual se han llegado a conocer en prácticamente todas las interpretaciones posteriores tanto el personaje mismo como la parábola toda. En esta reflexión quiero seguir la iniciativa de Mateo y argumentar que este pasaje bíblico nos desafía hoy a considerar tres asuntos importantes para entender la llamada a la enseñanza como parte de la vocación cristiana.

El primero de estos asuntos tiene que ver con el papel de quienes enseñan en el proceso educativo. El contexto de la historia en el texto bíblico es el ministerio educativo de Jesús. Desde principios del capítulo 11, el Evangelio de Mateo enfatiza la labor de Jesús de proclamar el reino de Dios, exponiendo también las muchas y hostiles reacciones a esta proclamación. Aunque en ocasiones Jesús había usado lenguaje metafórico (Mateo 5:13-16, 7:6, 24-27), es aquí donde por primera vez encontramos ilustraciones que Mateo identifica como «parábolas» (Mateo 13:3, 53).

La naturaleza misma de las «parábolas» produce una dinámica que podemos describir como una combinación de revelación y reacción. Donald Senior en su libro *Matthew: Abingdon New Testament Commentaries* comenta que las «parábolas» son metáforas extendidas, o tipos de comparaciones diseñadas para llevar a quienes las escuchan a una nueva conciencia de la realidad tal como Jesús la revela. Añade que, sin embargo, la naturaleza artística de las parábolas añade un cambio adicional de paradoja y desafío inesperado. Como bien señalan quienes estudian este campo de investigación, el uso que Jesús hacía de las parábolas era una técnica pedagógica para no sólo dejar perplejos, sino también desafiar, a quienes le escuchaban—es decir, provocar la mente a una activa reflexión. Estudios recientes establecen que el uso de parábolas por Jesús para su enseñanza no era la práctica típica de los rabinos de aquel entonces, sino una nueva y provocadora técnica de comunicación religiosa. La novedad del mensaje de Jesús demandaba una nueva forma de comunicación.

En cierta ocasión me encontraba junto a mis colegas en una reunión de la facultad donde se discutían nuevos métodos para la enseñanza, utilizando la tecnología interactiva mediante el Internet, las presentaciones computarizadas por medio de PowerPoint, y el programa diseñado para la enseñanza conocido bajo el nombre de Blackboard. Sin duda alguna, estas tecnologías tiene la promesa de enriquecer el proceso educativo de forma significativa e insospechada, y estoy comprometido a trabajar arduamente para familiarizarme con su uso e incorporarlo en mi enseñanza. Lo que a veces me pregunto es ¿cómo estas nuevas técnicas se relacionan con el uso que Jesús les daba a las parábolas?

Para mí, lo principal en este asunto tiene que ver con la intención de crear las condiciones para un proceso educativo mediante el cual tanto la persona que enseña como quien aprende sean desafiados por la naturaleza provocadora del evangelio. Estoy convencido que para Jesús el uso de las parábolas tenía como propósito desafiar el mundo mitológico de quienes le escuchaban—es decir, el mundo de supuestos que le dan significado a nuestra vida habitual, el marco de referencia inconsciente de nuestro pensar con el cual interpretamos todo tipo de información. Mientras este marco de referencia mitológico se mantenga intacto, la tentación será el integrar las enseñanzas de Jesús a nuestros propios supuestos, domesticando así estas enseñanzas, y aun usándolas de ilustración de nuestros propios valores. Las parábolas como un recurso técnico educativo atacan de forma subrepticia precisamente este marco de referencia. Por eso causaban tanto disturbio en aquel entonces, y aún en nuestros días. Es también por esta razón que nuestra disposición es a entenderlas como ilustraciones de aquellos principios con los cuales nos sentimos cómodos, en lugar de convertirse en vehículos de disturbio para producir una nueva visión de las cosas como realmente son—una visión que desafía la seguridad de nuestro mundo interior.

Si hemos de aprender de las técnicas usadas por Jesús para enseñar y comunicar el evangelio en su época, entonces los métodos de enseñanzas que utilicemos hoy deben también fomentar este proceso educativo. De hecho, la medida de efectividad en el uso de la nueva tecnología en nuestros salones de clase hoy debe estar en correlación, como cualquier otro tipo de recurso pedagógico, al pensamiento crítico, tanto entre estudiantes, como entre sus instructores y profesoras, que es parte integral del proceso de desarrollar una nueva visión de la realidad y del futuro—visión producida por la naturaleza provocadora del evangelio.

La parábola misma nos presenta la necesidad de tener un buen entendimiento de la naturaleza y disposición para el conocimiento por parte de quienes ingresan en el proceso educativo. En la parábola del sembrador se mencionan cuatro diferentes formas de reaccionar a la predicación del evangelio. La primera es cómo la semilla cae en el camino y vienen las aves y se las comen. En esta reacción es evidente que lo importante radica en el «entendimiento» como virtud clave para el discipulado. Toda persona que escuche la proclamación del reino divino y no lo entienda como buenas nuevas, no da la medida para el discipulado. La segunda reacción que se presenta es la de las semillas que caen entre piedras y, como hay poca tierra, brotan pronto. Pero el sol las quema y por falta de raíces se secan. Esta reacción ilustra lo que sucede cuando el entusiasmo inicial por la Palabra de Dios declina por las dificultades o la persecución a la que son sometidos quienes dan testimonio público de su fe. Esta reacción refleja sin duda la experiencia particular de la comunidad cristiana a la cual se dirige el Evangelio de Mateo. La tercera reacción, la de las semillas que caen entre espinas y eventualmente son ahogadas por ellas, describe a quienes los placeres del mundo y las tentaciones de las riquezas les apartan del evangelio.

Para quienes se especializan en la investigación del texto bíblico, la tipología descrita en el pasaje que estudiamos es un relato de los esfuerzos misioneros de la iglesia cristiana durante los primeros siglos de su desarrollo histórico. Los primeros tres ejemplos apuntan al hecho de que algunos rechazaron abiertamente la proclamación del evangelio, mientras que otras personas aceptaron el mensaje sólo para luego abandonarlo.

La última reacción que nos presenta la parábola de Mateo es la de las semillas que cayeron en buena tierra. En este caso el discipulado del creyente se describe por la disposición a «escuchar» la Palabra proclamada, su «entendimiento», y el deseo de «dar fruto», haciendo así posible una buena cosecha según la capacidad de cada creyente.

En mis reflexiones sobre la llamada de la vocación a la enseñanza en nuestros días me pregunto si será necesario añadir otro tipo de reacción a esta lista. Dos publicaciones recientes han vuelto a resaltar en mí esta inquietud con tanta fuerza que me han llevado a imaginar otra clase de terreno en el cual las semillas pudieran haber caído. El título de estas publicaciones es muy sugestivo. Una es la historia del pueblo latino en Norteamérica por Juan González titulado *Harvest of Empire: A History of Latinos in America*. La otra, por Eduardo Fernández, se titula *La Cosecha: Harvesting Contemporary United States Hispanic Theology (1972-1990)*. Estas obras tienen como propósito proveer recursos importantes para quienes desean profundizar su entendimiento de la experiencia histórica del pueblo latino en las tierras de Norteamérica desde el siglo XVI hasta el presente, recogiendo la vitalidad de nuestra experiencia de fe que se documenta en las recientes contribuciones de la reflexión teológica de teólogos y teólogas representantes de nuestro pueblo latino en la sociedad norteamericana. Como el prólogo a la obra de Fernández escrito por Ada María Isasi Díaz nos indica, estas publicaciones describen el ferviente clamor de quienes han sufrido marginación y empobrecimiento. Es una rica cosecha que ha sido plantada durante generaciones por creyentes desde las bases—personas cuyas creencias religiosas han sostenido en sus luchas diarias para sobrevivir y por hacer posible que la justicia florezca. Esta es la semilla que a mi entender cayó en *tierra roja*. Este es un terreno que manifiesta en su color y textura, no sólo la experiencia histórica de sufrimiento al cual ha sido sometido nuestro pueblo en toda la América, sino también la promesa de una buena cosecha, dada tanto la riqueza como los profundos e innumerables recursos del evangelio.

El último asunto importante de esta parábola que nos sirve de reflexión para nuestro entendimiento de la vocación a la enseñanza es el reconocimiento de la generosa iniciativa de Dios en este proceso. En la actividad de la facultad mencionada anteriormente, se nos estimuló a meditar sobre el papel que ejerce un profesor o profesora de teología estableciendo una conversación con David H. Kelsey, profesor de teología en la universidad de Yale, quién publicó la obra titulada, *To understand God Truly*. En esta obra el autor pregunta, ¿Qué es lo teológico de una escuela de teología? Esta pregunta es muy importante para entender y comprometernos a la vocación de preparar hombres y mujeres con los recursos necesarios para responder a los desafíos que se le presentan a la iglesia de hoy en el ejercicio de su misión y ministerio. Como el mismo autor se pregunta: ¿Cuáles son los propósitos y prioridades que gobiernan a la educación teológica? ¿Cuáles son los compromisos teológicos que deben establecer los criterios decisivos para evaluar y reconfigurar el espíritu y la política de una escuela teológica? ¿Qué es lo teológico de estos criterios?

El mensaje central de la parábola de Mateo no es la exhortación a quienes siguen las enseñanzas de Jesucristo para que se esfuercen en producir una cosecha productiva. Aunque de forma silenciosa, misteriosa, e inaccesible a la observación superficial, tal como germina la semilla en buen terreno, el reinado de Dios por el cual los discípulos han de orar (Mateo 6:10) ciertamente habrá de venir. El verdadero poder que dirige la cosecha es la generosa iniciativa divina, y Dios es fiel.

Justo L. González, uno de los educadores más distinguidos del pueblo latino en Norteamérica, afirmó en cierta ocasión que el proceso de comunicación entre los seres humanos es todo un milagro. El hecho de que nos podamos entender y comunicar mutuamente, dada la gran complejidad que caracteriza a la naturaleza humana, es extraordinario. Aun así, la generosa iniciativa de Dios se hace presente entre nosotros y nosotras para hacer posible que nos podamos entender, y de esa forma estimular nuestro entusiasmo para la enseñanza.

Finalmente, quiero resumir tres de los desafíos más importantes que aparecen en esta parábola para llamarnos a la vocación de la enseñanza.

Primero, pongamos atención al papel de quienes somos responsables por el proceso educativo, para que las técnicas de enseñanza que empleemos logren confrontar, no sólo a quienes aprender, sino también a quienes entre nosotros nos dedicamos a la enseñanza, con la naturaleza provocadora del evangelio.

Segundo, hagamos un esfuerzo vigoroso y diligente para clarificar y entender la naturaleza y disposición al conocimiento de parte de quienes aprenden.

Pero más que nada, recordemos que la alegría y el entusiasmo de la enseñanza provienen, no de nuestras propias destrezas y esfuerzos en el proceso educativo, sino de nuestra profunda convicción de que la cosecha es producto de la generosa iniciativa de Dios que produce los resultados esperados, pues Dios es fiel.

Pidámosle a Dios que profundice nuestra fe y fortalezca nuestra determinación para, de esta manera, renovar con entusiasmo y resolución nuestra respuesta a la llamada, a la vocación y a la enseñanza.

Preguntas para discusión

1) ¿Por qué que se conoce esta parábola con el título de *el sembrador*?
2) ¿Cómo es que se entiende la vocación al ministerio cristiano de la enseñanza?
3) ¿Qué tres asuntos importantes relacionados con la vocación al ministerio de la enseñanza presenta el estudio de este pasaje bíblico?
4) ¿Cuál cree usted que es el mensaje central de este pasaje de la Biblia?
5) ¿Cuál método pedagógico, o técnica de enseñanza, utilizaría nuestro Señor Jesucristo en nuestros días para provocar un mejor entendimiento del evangelio?
6) ¿Por qué cree usted que es importante para quien enseña tratar de clarificar y entender la naturaleza y disposición al conocimiento de parte de quienes aprenden?
7) ¿Qué otro tipo de terreno en el cual las semillas podrían haber caído le viene a la mente cuando lee este pasaje de la Biblia?
8) ¿Por qué es importante para la persona creyente tener la convicción de que la generosa iniciativa del poder de Dios se hace presente en el proceso educativo?
9) ¿Qué otros asuntos importantes relacionados con el ministerio de la enseñanza añadiría usted en su estudio de este pasaje?
10) ¿Qué otros pasajes bíblicos le vienen a la memoria que podrían ayudar a aclarar y entender mejor la vocación cristiana a la enseñanza?

4

La llamada a cruzar barreras

*Muchos de los samaritanos en aquella ciudad creyeron en él por la
palabra de la mujer...* (Juan 4:39)

Mi experiencia como profesor en la Escuela Luterana de Teología en la ciudad de Chicago me ha dado la oportunidad de dirigir varios viajes de estudio con estudiantes a España y a otros países en la América Latina. En uno de estos viajes fuimos a México, en donde visitamos la ciudad de Cuernavaca. Allí nos reunimos con el obispo de la Iglesia Católica. Nos interesaba explorar junto al Obispo el origen de la Misa Panamericana original de esta ciudad, cuyo impacto ha sido muy importante para la espiritualidad mexicana dentro y fuera del país. La generosidad característica del obispo le llevó a obsequiarnos con la siguiente historia de su visión del llamado del ministerio cristiano a cruzar fronteras.

En cierta ocasión se encontraba el obispo en una cordial conversación con una joven profesora sin darse cuenta de que ese día también se celebraba su reunión regular con el grupo de sacerdotes de su diócesis. Uno de los sacerdotes, incómodo porque la tardanza del obispo se debía a su placentera conversación con la joven profesora, le interrumpió en su conversación para recordarle de su compromiso con los clérigos.

Al terminar la reunión con los sacerdotes de la diócesis, el obispo se acercó al sacerdote ofendido para tratar de entender su desagrado. Este último le indicó que para él, el oficio pastoral de los clérigos era tan importante para la misión de la iglesia que no podía desatenderse para invertir el tiempo en una simple conversación con una mujer que, aunque católica y profesora de la universidad, no se podía comparar al ministerio de los sacerdotes. El obispo acordó con el sacerdote que esta experiencia debería llevarles a considerar seriamente en una próxima reunión regular del clero el entendimiento oficial de la iglesia sobre el ministerio, y se comprometió a conseguir a alguien para la próxima reunión con la autoridad y el conocimiento necesarios para ayudarles a trabajar con este asunto.

La semana siguiente, a la hora de la reunión regular, el sacerdote, que había llegado temprano entusiasmado para conversar sobre el tema, se sorprendió al ver al obispo acompañado en la reunión por la misma joven profesora con quien había estado conversando la semana anterior. Acercándose al obispo sin ocultar su sorpresa y enojo, le recordó que la reunión de ese día era exclusivamente para sacerdotes, y que el tema acordado era el ministerio de la iglesia. El obispo, con su acostumbrada cordialidad, afirmó lo acertado del comentario del sacerdote, pero le recordó que el acuerdo había sido que el obispo habría de traer a la reunión a una persona con la autoridad y conocimiento necesarios para dirigirles en el estudio del entendimiento oficial de la iglesia sobre el ministerio, y que la joven profesora era una de las autoridades más importantes en el país sobre este asunto. Con respeto y cordialidad, el obispo desafió a los sacerdotes de su diócesis a derrumbar las fronteras de prejuicios patriarcales y de género que por mucho tiempo habían dominado la visión del ministerio de los clérigos.

El pasaje del Evangelio de Juan que habla del encuentro entre Jesús y la mujer samaritana (Juan 4:5-42) nos invita a reflexionar sobre algunos problemas que nos desafían a responder al llamado de nuestra vocación cristiana. Una lectura crítica y constructiva del texto nos puede ayudar a cruzar algunas de las barreras que impiden nuestra fidelidad al evangelio en nuestro propio contexto.

El texto del Evangelio nos relata que Jesús, evitando una confrontación con los fariseos, viaja a Galilea. En su camino decide pasar por Samaria. En Samaria llega con sus discípulos al pueblo de Sicar. Cansado del viaje, se sienta a descansar en el pozo de Jacob. Estando allí sentado, llega una mujer samaritana. Jesús le pide de beber. Ella se sorprende, ya que lo identifica como judío, y existía una enemistad de siglos entre judíos y samaritanos. Jesús inicia una conversación reveladora con la mujer sobre la inminencia del reino de Dios. El diálogo con Jesús llena de tanto entusiasmo a la mujer que ésta se marcha inmediatamente a informarles a otros de su encuentro con el Mesías. La respuesta al testimonio de la mujer es tan positiva que le piden a Jesús prolongar su estadía en Samaria, creciendo así el número de sus seguidores. Una de las enseñanzas más importante de esta historia bíblica es que nos muestra a Jesús cruzando las barreras que impedían el recibimiento y la expansión del reinado de Dios en su época.

El texto menciona tres barreras importantes que afectaban la vida de la mujer samaritana. La primera tenía que ver con el prejuicio étnico-religioso al cual estaba sometida. Las diferencias entre judíos y samaritanos habían sido amargas y prolongadas. Los samaritanos reclamaban pertenecer al remanente del Pueblo de Dios, especialmente del linaje de las dos medias tribus de Efraín y Manasés. Sin embargo, los judíos despreciaban a los samaritanos por haber perdido su pureza racial. Alrededor del 720 antes del advenimiento de Cristo, los asirios invadieron el reino de Samaria—uno de los dos reinos en que se había dividido el antiguo territorio de David y Salomón— capturándolo y sometiéndolo a su voluntad. Siguiendo la práctica de la época, transportaron la población vencida a otro sector del imperio (2 Reyes 17:6), trayendo extranjeros para establecerse en la tierra conquistada (2 Reyes 17:24). Quienes permanecieron en el reino del norte se mezclaron con los extranjeros, cometiendo lo que para los judíos era un crimen imperdonable. De esta forma fueron perdiendo sus tradiciones originales y su identidad cultural. Más tarde el reino del sur, con Jerusalén como capital, experimentó también la derrota y la invasión. Sus habitantes fueron trasladados a Babilonia, pero aun en el exilio conservaron su identidad permaneciendo terca e inalterablemente judíos.

El menosprecio de los judíos hacia los samaritanos tenía entonces dimensiones étnicas y religiosas. Los judíos criticaban a los samaritanos no sólo por reducir la palabra de Dios al Pentateuco, sino también por haber construido en el monte Gerizim un templo rival al de Jerusalén. Esta controversia entre judíos y samaritanos de más de 450 años continuaba tan lamentablemente y con tanto resentimiento como antes. Por estas razones, no nos debe sorprender que la mujer samaritana se haya asombrado de que Jesús, un judío, se dirigiese a ella. Aquí Jesús cruzaba una barrera de nacionalidad y de práctica religiosa que de manera racista manifestaba desdén por sus vecinos y familiares lejanos.

La segunda barrera en el texto bíblico es la del prejuicio sexual. En el pasaje del evangelio se nos informa que la persona a quien Jesús se dirige es una mujer. Las costumbres de la época daban por sentado la condición de inferioridad de las mujeres en la sociedad. Se les consideraba como medios para alcanzar una meta, como instrumentos, no como seres humanos que compartían la misma condición y derechos que los hombres. Para los judíos Jesús era un rabino. El estricto código rabínico prohibía a un rabino saludar a una mujer en público. Un rabino no podía hablarle ni a su propia esposa, hija, o hermana en público. Hasta existían fariseos llamados «magullados y sangrantes», ya que cerraban sus ojos cuando veían a una mujer en la calle, tropezándose con paredes y objetos que tenían por delante. Ver a un rabino hablar con una mujer en público significaba la pérdida de su reputación. Y sin embargo, Jesús le habló a esta mujer. Aquí cruzaba Jesús la barrera de las costumbres ortodoxas judías de la época que mostraban prejuicio en contra de la mujer.

La tercera y última barrera que se menciona en el texto es de carácter ético. La samaritana no sólo era mujer, era una mujer de carácter notoriamente inmoral. Ningún hombre decente, y menos un rabino, se dejaría ver en su compañía, ni siquiera para intercambiar palabras. Sin embargo, Jesús le habló. Es más, en su diálogo con esta mujer reconoce su fe y sabiduría, ofreciéndole la oportunidad de realizar una importante labor en el reino que él venía a establecer. En la visión profética de la era por venir, Dios era el origen de la fuente de agua viva que apaga la sed del creyente. Con este pensamiento, Jesús le aseguró a la mujer de Samaria que participaría en esta promesa, y esto la llevó con entusiasmo y apremio a compartir su experiencia con los demás.

Es muy común, al estudiar este texto bíblico, caer en la tentación de enfocar la atención en la vida pecaminosa de la mujer samaritana, quien había tenido cinco maridos y ahora vivía con un hombre que no era su esposo. Este es un tema tan atractivo para la piedad religiosa tradicional, que el estudio termina convirtiéndose en una exhortación en contra de los pecados sexuales, especialmente los cometidos por las mujeres. En este contexto me parecen muy acertados los comentarios de Rachel C. Wahlberg en su libro *Jesus According to a Woman,* cuando pregunta si quienes se dedican a esos estudios han considerado darles alguna responsabilidad por esta situación a los cinco maridos o al hombre con quien vivía esta mujer. Para evitar esta tentación, que casi siempre tiene su origen en el prejuicio, un examen más cuidadoso de este pasaje nos permitirá darnos cuenta que sólo tres de los cuarenta y dos versículos se le dedican a la situación marital de la mujer. Los otros versículos—esto es, la mayor parte del texto—nos relatan su conversación teológica con Jesús, su familiaridad con las enseñanzas religiosas judías, su entusiasmo al recibir el mensaje apabullante de Jesús y el efecto que tuvo su testimonio entre la gente de su ciudad.

Si enfocamos nuestro estudio de esta manera, nos daremos cuenta de algunos elementos valiosos, aunque sumamente controversiales, de las enseñanzas y el ministerio de Jesús. Sin duda, podemos asumir que Jesús estaba consciente de los problemas, prejuicios y estereotipos característicos de su época. También podemos suponer que la experiencia descrita en el relato ocurrió, no por accidente, sino como resultado de la propia voluntad de Jesús. El relato es entonces un recurso que Jesús utiliza para confrontarnos con el desafío que nos señala el evangelio a responder al llamado de nuestra vocación cristiana. En otras palabras, somos desafiados aquí por lo que Pablo llama en su carta a los corintios el poder y el escándalo de la sabiduría de Dios (1 Corintios 1). Vemos aquí a Jesús convirtiendo a este ser humano, quien era objeto de tres prejuicios en su contra: ser mujer, ser samaritana y ser pecadora, en una persona útil para la proclamación del evangelio. Jesús cruzó intencionalmente las barreras impuestas sobre las mujeres del siglo primero por la cultura y la religión, para mostrarnos que, aunque la salvación viene de los judíos, esta samaritana y pecadora podía ser testigo excelente de las buenas nuevas y de la presencia inminente del reino de Dios entre nosotros. Jesús escogió, con este propósito, no a un representante de la élite social de aquella época, sino a alguien a quien se veía usualmente como persona escandalosa.

Jesús sabía lo que hacía. Afirmó a las mujeres y a quienes proceden de los sectores marginados de la sociedad en maneras que sus contemporáneos y después sus seguidores no hemos podido entender por completo. El propósito de Jesús era romper con todas las barreras de construcción humana basadas en el prejuicio e impuestas, con nuestro consentimiento, por la sociedad, la cultura y la religión, para permitir el surgir de una nueva realidad basada en la generosa y amorosa iniciativa de la misericordia de Dios.

Una de las historias más conmovedoras sobre este tema que se ha publicado recientemente es la que relata Ofelia Ortega sobre su llamada a la vocación cristiana. Ofelia es pastora de la Iglesia Presbiteriana Reformada en Cuba. Además, es educadora en las áreas de la educación cristiana, el evangelismo, la mayordomía y otros temas relacionados a la teología práctica. Es también una de las mujeres latinoamericanas contemporáneas más destacadas en el campo del esfuerzo ecuménico. Ha servido como pastora de varias congregaciones, profesora de seminario en el área de educación cristiana, presidenta del Seminario Evangélico de Teología en Matanzas, Cuba, coordinadora de programas ecuménicos en el Consejo Mundial de Iglesias, y cuando se escriben estas líneas sirve de Directora del Centro para Estudios de Género en Cuba, que contribuyó a establecer. En su escrito autobiográfico que relata su llamada a la vocación cristiana titulado «Encuentros y visiones», narra de forma elocuente y apasionada las innumerables barreras que tuvo que superar para responder con fidelidad a esa llamada.

En nuestros días la llamada a la vocación cristiana también nos provoca a cruzar barreras que desafían la integridad de nuestro testimonio de fe. La primera de estas barreras es el peso abrumador que les damos a expresiones sociales, políticas y económicas del mundo desarrollado a expensas de aquellas que provienen de pueblos y culturas en procesos de desarrollo, o de sectores sociales en la periferia de nuestra sociedad.

Es interesante observar que las varias expresiones de la fe cristiana en la historia siempre ha hallado en la cultura un valioso recurso para desarrollar un más auténtico entendimiento y testimonio de la práctica del evangelio. Estos recursos culturales han sido tan valiosos para la expresión religiosa de la fe que, cuando los creyentes de Europa emigraron a América, trajeron consigo sus pastores, sus Biblias, sus idiomas y las costumbres y tradiciones de sus tierras, estableciendo colonias que aún hoy, luego de varias generaciones, preservan en su adoración y otras manifestaciones religiosas un fuerte sabor de sus tradiciones culturales originales. Desdichadamente, esta expresión se identificó tanto con la cultura dominante europea que produjo una falsa impresión de identidad cristiana que daba por sentado la asimilación a los valores y preferencias de esa cultura. En este sentido, las expresiones culturales de otros grupos étnicos residentes en las tierras de América no pudieron ni aún pueden tener un lugar importante en el enriquecimiento de esta tradición religiosa. Steven Charleston, miembro de la nación Choctaw y antiguo Presidente y Decano de la Escuela Episcopal de Divinidad en Cambdridge, Massachussets, en su examen del continuo significado de la misión de la iglesia cristiana en Norteamérica desde el siglo XVI, propone una alternativa a este modelo misionero tradicional y dominante. En su artículo «The Good, the Bad, and the New: The Native American Missionary Experience», argumenta que el modelo de misión de la iglesia debe responder al poder transformador del evangelio para producir un intercambio de conversión mutua en el encuentro entre diferentes pueblos y culturas. Este poder transformador del evangelio fue entonces, y continúa siendo en el presente, uno de los componentes más importantes de la misión de la iglesia. Para Charleston, muchos misioneros proveyeron un modelo elocuente de este testimonio en su apertura a las influencias espirituales y culturales de los pueblos anfitriones durante su ministerio con pueblos y naciones autóctonas del Norte y Sur de América en tiempos de la conquista ibérica del siglo XVI. Misioneros jesuitas, por ejemplo, se acoplaron a las culturas de las tribus de los Estados Unidos, Canadá y Paraguay. Aunque estos jesuitas representaban claramente la perspectiva católica europea, también mostraban apertura hacia las influencias espirituales y culturales de sus comunidades anfitrionas. Dada la época en que esto sucedió, su éxito, aunque parcial, fue notable y prueba que lo ideal es posible. De hecho, fue el grado al cual estos misioneros llegaron a mezclarse dentro del contexto nativo americano lo que causó eventualmente que Roma clausurara sus actividades abruptamente y pusiera fin a este intercambio, antes de que pudiera arraigarse y expandirse. ¿Por qué? Porque a la vez que los pueblos indígenas eran transformados por los jesuitas, los jesuitas eran también transformados por ellos. Esto era algo que una iglesia racista y etnocéntrica no podía tolerar. Nuevamente, el problema no era la actividad misionera en sí misma. El verdadero problema era y sigue siendo el racismo perenne bajo la superficie, que nos niega la oportunidad de hacer misión que tenga como producto la mutua transformación entre las personas.

Como nos indica Virgilio Elizondo en su libro *The Future is Mestizo*, el que continuamente buscamos la división entre nosotros parece formar parte de la pecaminosa condición humana. Peor aún, tratamos de afirmarnos pisoteando a otras personas, destruyéndolas, para nosotros adelantar. La imposición, en vez de la mutualidad, parece ser la regla en la búsqueda de la felicidad por parte de la humanidad. Hermanos y hermanas, familias y clanes, naciones y razas, se enfrentan unos a otros. Según llega uno al poder, se yerguen barreras de toda especie, para que otros no puedan entrar.

El desafío que se nos presenta es el de rendir testimonio en el presente de la actividad creadora, redentora y santificadora de Dios. El entendimiento evangélico de la justificación por la gracia a través de la fe, tan importante a nuestra herencia de fe evangélica, nos debe llevar a comprometernos, tanto de palabra como en hechos, a la encarnación del evangelio en los diferentes contextos históricos y las diversas situaciones culturales en las que nos toca vivir. La lealtad a este llamado en el complejo pluralista de los Estados Unidos y el Caribe requiere el reconocimiento de que Dios nos creó para que aun nuestras diferencias nos enriquezcan. Dar testimonio de la continua obra salvífica de Dios en el mundo nos desafía a cruzar las barreras de género, idioma, raza, religión, edad, clase, preferencia sexual y todas las muchas otras que construimos para separar las naciones, las razas y las familias entre sí. Mientras el ministerio y la misión de la iglesia dependan en última instancia del poder de Dios, se nos invita, como pueblo de Dios, a participar hoy en la experiencia creadora, redentora y transformadora de Dios, de presentar una nueva realidad, una nueva manera de relacionarnos como criaturas del mismo Dios y hermanos y hermanas unos de los otros.

La segunda barrera que tenemos que esforzarnos en cruzar hoy tiene que ver con los estilos de liderazgo desarrollados por muchos de nuestros hermanos y hermanas que ocupamos actualmente posiciones de relativo poder o influencia. Resulta muy desafortunado el darnos cuenta de que, a pesar de que hemos llegado lejos de aquellos tiempos en que los miembros de las comunidades tradicionalmente subrepresentadas estaban totalmente ausentes en las estructuras de poder, aún tenemos un largo trecho por caminar para llegar al momento en que quienes forman parte de la estructura de poder, aun cuando procedan de comunidades tradicionalmente subrepresentadas, en vez de asimilarse a los intereses y visión del mundo de los grupos dominantes en la sociedad, puedan defender a los suyos y a esos grupos marginados que los han impulsado para poder llegar a donde están.

Es triste decirlo, pero es cierto que el poder corrompe y que mientras mayor es el poder más corrompe. Tenemos que reconocer que nadie está exento de la tentación de utilizar a otros para su propio ascenso. Existen excusas de todos los tipos y todos los colores para quienes, por su falta de integridad, racionalizan sus valores, actitudes y acciones a costa de los demás. Debemos recordar que ni el género, ni el idioma, ni la raza, ni la edad, ni la clase social, ni la religión, ni la preferencia sexual, ni cualquier otro elemento es en sí mismo una marca indeleble de certeza o rectitud.

La rectitud procede de Dios a través de Cristo, quien de forma generosa y amorosa urge nuestro compromiso con quienes, por causa de su género, idioma, raza, edad, clase, religión, preferencia sexual o cualquier otro motivo, sufren injusticia, prejuicio y opresión. Nos hará bien recordar que cuando los discípulos discutían entre sí cuál era el mejor o mayor entre ellos, Jesús los interrumpió para decirles: «Si alguno quiere ser el primero, será el postrero de todos, y el servidor de todos». Según nuestra fe, el servicio, y no el rango o privilegio, es la señal de grandeza.

Finalmente, la tercera barrera que tenemos que cruzar es la tendencia tan marcada de nuestra época de separar nuestro conocimiento de la fe de nuestro testimonio público y personal de la fe que tanto apreciamos. Aquí nuevamente, es muy significativo el relato bíblico del encuentro de Jesús con la samaritana. Es interesante observar que en dos de sus sermones acerca de este pasaje, Lutero pone énfasis especial en la iniciativa de Dios de hacerse accesible a nuestras vidas de maneras inesperadas. En el 1537 el pastor de la parroquia de Wittenberg, Johanes Bugenhagen, recibió permiso del elector Juan Federico de Sajonia para aceptar la invitación del rey danés Cristián III, de ayudar en los esfuerzos por reformar la vida de la iglesia. Lutero lo sustituyó en el púlpito y en el cuidado pastoral de la ciudad de Wittenberg. Fue entonces cuando predicó estos sermones basados en el evangelio de Juan. Predicó los cuatro sermones del capítulo cuatro durante el transcurso del 1540. En ellos vemos que para Lutero el reconocimiento de esta presencia divina, a pesar de su apariencia, requiere el acto de fe que distingue al creyente auténtico de quienes sólo pretenden serlo. De hecho, en uno de estos sermones Lutero recalca que es precisamente una mujer de Samaria la que, en su diálogo con Jesús a la vera del pozo de Jacob, reconoce la presencia de Dios y está dispuesta a compartir la comida y la bebida, para responder a las necesidades del Mesías. Refiriéndose a Mateo 25, Lutero aclara muy bien la relación que debe establecerse entre la doctrina de la justificación por la gracia por medio de la fe, y el testimonio activo y concreto del creyente. Dice así:

> Dios dice: «no escogí llegar a ustedes en toda mi majestad, ni en compañía de ángeles, sino a la manera de un

pobre mendigo pidiendo pan...» Cristo dice: «Si sufro hambre o sed en la persona de mi apóstol o cualquier cristiano, sí, de un niño cristiano o cualquier persona pobre o necesitada, y tú estás consciente de esta situación, eres un gran avaro si cierras tus ojos ante esto. Quiero que sepas que soy yo el que sufro hambre y sed. Si alimentas a esta persona, me alimentas a mí; si dejas que [esta persona] sufra de sed, es a mí a quien permites perecer de sed». [Martin Luther, "Sermons on the Gospel of Saint John", en *Luther's Works 22*, ed. por Jaroslav Pelikan (St. Louis: Concordia Publishing House, 1957), ix-xi, 520.]

¿Qué estamos haciendo por nuestros hermanos y hermanas necesitados? O quizás debemos preguntarnos, ¿por qué no puede nuestra fe guiarnos a reconocer la presencia de Dios en estas personas y a responder a sus necesidades? Es importante recalcar que, si bien es cierto que la presencia de Dios entre nosotros es como la de un extraño, la fe que es posible por medio de la gracia nos lleva no sólo a reconocer la presencia de Dios en estas personas extrañas, sino también a responder prontamente a sus necesidades con nuestros recursos.

Necesitamos que se nos recuerde constantemente que en la sociedad sufrida, dividida y segregada de su época, Jesús introdujo una nueva realidad y proclamó el sueño de «que todos sean uno» (Juan 17:21). Como Jesús sabía muy bien lo escandalosas que eran las implicaciones sociopolíticas del evangelio para sus seguidores, les prometió el don del Espíritu Santo para darles entendimiento y ayudarles a llevar a cabo su llamado a la vocación cristiana (Marcos 16:15, Mateo 28:16-20, Lucas 24:36-49, Juan 20:19-23). Aunque Jesús murió por ese sueño, en la mañana de Pentecostés, movido por el poderoso evento de su resurrección, el sueño comenzó a realizarse y muchas y diversas personas pudieron experimentar una nueva unidad familiar que trascendía las antiguas barreras que las mantenían separadas. ¡Dios nos llama a cruzar barreras, especialmente si éstas no nos permiten responder de forma adecuada al evangelio!

Ya que en nuestros días los poderosos gobiernos del mundo se enfrascan en construir muros para separarse de quienes consideran naciones y sectores sociales indeseables, quiero concluir esta meditación invitándoles, con el poeta latinoamericano Nicolás Guillén, a construir una muralla que sea inspirada por la reflexión que hemos hecho del pasaje del evangelio de Juan.

En su famoso poema *La muralla*, Guillén nos invita a la edificación imaginaria de una muralla. Para hacer esta muralla, el poeta Afro-cubano sugiere traer todas las manos: los negros, sus manos negras; y los blancos, sus blancas manos. Esta muralla se ha de construir con los esfuerzos de todas las gentes que, inspiradas por la amistad, el respeto a la justicia, y el servicio a los demás, se unen al resto de la creación en busca del bien común. Ha de ser una muralla que cubra la totalidad del mundo creado. Será una muralla construida, no para crear más fragmentación, discordia y sufrimiento, sino para contribuir a la unidad y el bienestar de toda la creación. Es en esta unión de todo lo creado que lucharemos contra la maldad que nos afecta a todos, contra la perversidad que corroe nuestros valores fundamentales y que deteriora nuestra humanidad y la de quienes son víctimas de nuestras prácticas y acciones.

Como parte del pueblo de Dios en el mundo, hemos recibido el llamado a continuar su obra respondiendo a nuestra vocación de fe. Esto es lo que creemos y lo que constituye el fundamento de nuestra esperanza. Es también una invitación a cruzar las barreras que nos impiden responder de manera afirmativa a la llamada a nuestra vocación cristiana.

PREGUNTAS PARA DISCUSIÓN

1) ¿Cree usted que la historia del Obispo de Cuernavaca presentada en este capítulo se limita exclusivamente al prejuicio patriarcal que existe en la Iglesia Católica Romana, o acaso este prejuicio contra las mujeres también se encuentra en otros grupos y organizaciones religiosas?

2) ¿Cuáles son las enseñanzas más importantes que ha aprendido en esta sección del estudio?

3) Tomando como referencia la historia de la mujer samaritana en el evangelio de Juan, ¿cuál personaje describe mejor su experiencia personal confrontando las barreras descritas en este estudio?

4) Escriba las iniciativas que usted ha tomado para superar algunas de las barreras discutidas en este capítulo.

5) ¿Qué otras barreras además de las ya discutidas en este capítulo debemos tratar de superar para la realización fiel de nuestra vocación cristiana?

6) ¿Qué otros pasajes de la Biblia se podrían utilizar para ayudarnos a entender algunas de las barreras que tenemos que superar, pero que no se han mencionado en esta sección del estudio?

7) Dé algunos ejemplos de experiencias personales que le han ayudado a entender mejor las barreras que se deben superar cuando compartimos experiencias y proyectos con personas de otra raza, cultura, edad, clase social, género, perspectiva religiosa, ideología, u orientación sexual.

8) Mencione algunas de las barreras que deben ser superadas en el contexto de su familia, iglesia, o trabajo.

9) ¿Cómo entiende usted que el poder y la dirección de Dios se hace presente en su vida personal para ayudarle a superar las barreras que le impiden la realización fiel de su vocación cristiana?

10) ¿Cuáles son las barreras mencionadas en este estudio que todavía se le hace difícil a usted superar?

5

La misión y el ministerio de la iglesia en perspectiva vocacional

Yo, pues, preso en el Señor, os ruego que andéis como es digno de la vocación con que fuisteis llamados; con toda humildad y amables, sean comprensivos y supórtense unos a otros con amor. (Efesios 4:1)

Lo que hemos presentado hasta este punto sobre las vocaciones cristianas debemos colocarlo en el contexto más específico de la misión y ministerio de la iglesia. La obra creadora, redentora y, santificadora de Dios en toda la creación a la cual la comunidad de creyentes está llamada a participar, no está sujeta, como hemos indicado anteriormente, a nuestros caprichos o limitaciones. En consecuencia, la llamada que Dios nos extiende a esta tarea se nutre, fortalece, y realiza generalmente como expresión del testimonio de esta comunidad de creyentes que responde, tanto individual como en forma colectiva, a este llamado de Dios. Esta convicción lleva a toda persona creyente a considerar con mayor seriedad la naturaleza e identidad de la iglesia.

A pesar de los numerosos esfuerzos realizados por autores y autoras de legado latinoamericano en Norteamérica para explorar este tema, un entendimiento más profundo de la naturaleza de la misión y ministerio de la iglesia del pueblo latino en los Estados

Unidos queda aún por realizar. En este estudio intentaremos presentar de manera limitada y selectiva la contribución de algunos de estos autores y autoras, combinándola con la de personas de otros contextos, con el propósito de proponer nuevas direcciones para explorar este tema, tomando como fundamento la misión y ministerio de la iglesia en perspectiva vocacional.

Para comenzar, es importante señalar que un gran número de estudios han establecido la posibilidad de que antes de la evangelización y conquista ibérica del siglo XVI en América, estas tierras habían sido visitadas por navegantes y religiosos de varias partes del mundo. De acuerdo a David Hatcher Childress, se ha encontrado evidencia de la posible presencia tanto de normandos, romanos, fenicios y cartagineses, así como de otras culturas y naciones en diferentes partes de las Américas. También afirma el autor que se han hallado unas inscripciones en hebreo antiguo cerca de Las Lunas en Nuevo México que supuestamente hablan del presunto viaje de un grupo de judíos que para el año 734 había huido de Europa. Además, alrededor del año 725, siete obispos y 5,000 de sus seguidores que huían de los musulmanes en España, zarparon de Porto Cale, en Portugal, hacia la isla de Antilla. Según proponen algunos historiadores, estos cristianos desembarcaron en la costa occidental de Florida y se adentraron en aquella tierra, donde fundaron la ciudad de Cale —que más adelante se convertiría probablemente en la moderna Ocala.

Sin embargo, la mayoría de los textos de historia general establecen que el surgimiento de la iglesia cristiana en las Américas se remonta al proyecto evangelizador de estas tierras por conquistadores de la Península Ibérica durante el siglo XVI. Como indica el teólogo e historiador puertorriqueño Dr. Luis N. Rivera Pagán, es importante señalar un factor que generalmente pasa inadvertido en este proceso de evangelización y conquista. Para Rivera Pagán, la conquista de América fue dirigida por una poderosa mentalidad española de mesianismo providencial que percibía los eventos históricos en el contexto de una confrontación cósmica y universal entre la verdadera fe y la infidelidad. Este providencialismo mesiánico se puede observar no sólo en los escritos originales de Cristóbal Colón, sino también, y de forma más intensa, en los de Hernán Cortés.

Según Rivera Pagán, Hernán Cortés es uno de los primeros en concebir la idea de establecer una nueva iglesia en lo que llamaba el «Nuevo Mundo». Esta idea fue presentada originalmente por Vasco de Quiroga, primeramente funcionario real en la Nueva España y luego famoso obispo de Michoacán, en su obra *Información de Derecho* (1535). También se encuentra en los escritos de los misioneros franciscanos que evangelizaron a los nativos mexicanos. Antes del arribo de los misioneros franciscanos a estas tierras Cortés, el famoso conquistador de México, percibe una relación íntima entre las nociones mesiánicas de *novus mundus – nova ecclesia* y, rechazando una sugerencia anterior de otorgarles al clero secular y a la jerarquía diocesana la evangelización de México, muy poco después de la conquista de Tenochtitlan le escribe al emperador Carlos V pidiéndole que envíe como misioneros a esa región frailes de las órdenes mendicantes (franciscanos y dominicos), muy conocidos por su fidelidad a los más rígidos votos de pobreza. El rechazo de Cortés al clero secular y la jerarquía diocesana se debía principalmente a una opinión generalizada en aquel entonces sobre la decadencia moral de la iglesia renacentista. Cortés temía que si los nativos en el «Nuevo Mundo» eran expuestos a la mundanalidad del clero secular y de la jerarquía eclesiástica, se haría muy difícil persuadirles de la superioridad del evangelio cristiano. Sólo si se toman estas precauciones, escribe Cortés, podría establecerse en el «Nuevo Mundo», una *nueva* iglesia en la cual Dios, más que en cualquier otra parte del mundo, podría ser exaltado y glorificado. Una de las grandes ironías de esta compleja historia de la evangelización y conquista de las Américas es que, a pesar de Cortés ser uno de los primeros en proponer la organización de una nueva iglesia en estas tierras en su correspondencia con la corona española, a renglón seguido recomienda la esclavización de los nativos de Michoacán que resistan su sometimiento al poder de los conquistadores.

Es imprescindible señalar que este mesianismo providencialista y militarista característico de Cortés y de otros conquistadores ibéricos estaba también presente en la mente de conquistadores de otras partes de Europa en las Américas que en aquel entonces promovían la expresión de la fe cristiana inspirada por los movimientos de reforma religiosa en la Europa del siglo XVI. Una de las obras recientes que provee un breve pero importante resumen de esta empresa misionera de conquista y evangelización es la producida por Sydney Rooy, titulada *Misión y encuentro de culturas* (Buenos Aires: Editorial Kairos, 2001). En esta obra se encuentran, entre otras, la historia de los luteranos en Venezuela (1528), de la fe reformada en Brasil (1555), de los hugonotes (protestantes franceses seguidores de Juan Calvino) en la Florida (1562), de la fe anglicana en las Indias Occidentales (1609), y de otras incursiones importantes de la época. De hecho, durante el siglo XVI abundan la diversidad e inclusive contradicción de voces y perspectivas sobre este asunto. Aunque es difícil precisar cuándo y quiénes originan estos debates y disputas sobre la legitimidad y justicia de la conquista, para Rivera Pagán es posible que el inicio de esta reacción se pueda remontar al disgusto del padre Bernardo Boyl, quien acompaño a Cristóbal Colón en su segundo viaje a estas tierras, y que abandonó la expedición como reacción al intento del Almirante de iniciar la esclavitud trasatlántica de la población indígena. Lo cierto es que para fines de 1511 los monjes dominicos de La Española, disgustados con los abusos recibidos por los indígenas de América, y convencidos de que estos abusos constituían una violación de las llamadas «bulas de donación» decretadas por el Papa Alejandro VI en 1493 (documentos que establecían la soberanía castellana sobre las tierras descubiertas para convertir a las comunidades indígena a la fe cristiana), sintieron la necesidad de presentar el primer poderoso y profético desafío a este tipo de conquista, teniendo a Bartolomé de Las Casas como la figura más importante de esta crítica profética. Para Rivera Pagán, tanto el surgimiento del cristianismo latinoamericano como la identidad cultural y la conciencia nacional de Latinoamérica, son producto del violento encuentro entre el providencialismo mesiánico que dirigía la violencia de los conquistadores con la indignación profética característica de estos líderes religiosos que confrontaron la violencia física e ideológica en nombre del Dios de la Biblia que se caracteriza por su misericordia y justicia.

Poco antes y ciertamente luego de la celebración de los quinientos años de este evento de consecuencias tan trascendentales, las voces de fieles creyentes representativas de las varias etnias,

razas, géneros, expresiones religiosas y sectores sociales marginados en las Américas se han alzado en un esfuerzo común por
analizar los desafíos de este acontecimiento y sus consecuencias
para el presente ministerio y misión de la iglesia. Antes de estas
importantes contribuciones, en 1959 Miguel León Portilla, uno de
los primeros en recoger y publicar para un público más amplio
que el de especialistas lo que él identifica como la *Visión de los vencidos,* nos provoca a tomar en serio el significado de la perspectiva
de quienes fueron objeto y víctimas de esta implacable empresa
de evangelización y conquista. En sus numerosos trabajos León
Portilla nos desafía a tomar conciencia de la importancia de esta
perspectiva para entender mejor tanto las consecuencias como las
posibles oportunidades en el presente de este trágico y brutal encuentro entre culturas en sus dimensiones tanto sociales como religiosas. En el preámbulo de una edición posterior de esta obra, J.
Jorge Klor de Alva nos indica que el traer a la luz la perspectiva
de quienes han sido objeto de marginalización es una acción revolucionaria de gran importancia, pues puede llegar a subvertir
el entendimiento dominante de ese evento, inspirar el surgimiento de las voces de protesta de otras víctimas, y forzar la ineludible necesidad de reescribir las antiguas historias para incluir,
o al menos responder, a la visión de los vencidos y vencidas.

Es a la luz de este análisis que líderes religiosos indígenas como
Aiban Wagua (sacerdote indígena perteneciente a la nación Kuna
de Panamá que luego de recibir su Doctorado en Ciencias de la
Educación en la Universidad Pontifica Salesiana en Roma, desde
1981 trabaja con su pueblo Kuna en la comunidad de Ustupo,
Kuna Yala), señalan la necesidad de recuperar la historia de quinientos años de resistencia de los pueblos autóctonos de estas tierras que continúa en el presente. Esta historia es un testimonio
indomable que se perpetúa en nuestros días, a pesar de todo intento por dominarlo. Este es también el testimonio de figuras
como la del haitiano creyente Laënnec Hurbon (actualmente el
director del Centro Nacional de Investigaciones Científicas en
Francia), quien nos desafía a entender que la historia de la trata y
esclavitud del pueblo africano que comenzó en las Américas durante el siglo XVI sirve como trasfondo para una mejor comprensión, tanto del presente racismo contra los descendientes de este

pueblo, como del subdesarrollo del continente africano; y que el apoyo a las expresiones de resistencia liberadoras de este pueblo africano es la tarea central del ministerio y misión de la iglesia para la realización fiel de su vocación evangélica en el mundo.

Para Virgilio Elizondo, la celebración del impetuoso encuentro entre estas culturas es también la oportunidad para afirmar la promesa del largo y doloroso nacimiento de una nueva realidad humana en las Américas. Es la posibilidad del surgimiento de un nuevo grupo genético y social, que aunque ha tomado un gran número de siglos y un costo inmenso para su desarrollo, consta de una gran riqueza biológica, cultural y religiosa capaz de manifestar una nueva realidad humana que el mundo jamás ha conocido. Es cierto que esta oportunidad no será fácil de realizar; pero puede y debe realizarse si nuestra América ha de sobrevivir los retos a los cuales hemos sido expuestos durante los últimos quinientos años, y que aún continúan desafiando nuestra existencia colectiva.

Según Elizondo, la visión creativa que ha de transformar el sufrimiento de los pueblos americanos del ayer y del presente es inspirada por la iniciativa generosa del amor y la justicia de Dios que surge de forma poderosa en los sueños y aspiraciones de los pueblos crucificados de las Américas. Esta iniciativa divina es la que llama a toda persona creyente a una seria reflexión, tanto individual como colectiva, de su vocación eclesial.

En uno de sus estudios sobre la naturaleza e identidad de la iglesia latina en Norteamérica, Justo L. González afirma que existe un paralelo significativo entre el desarrollo de la eclesiología en la historia del pensamiento cristiano y el surgimiento de una eclesiología latina en Norteamérica. En ambos casos lo que ha determinado la autoconciencia eclesial no ha sido tanto la reflexión abstracta sobre su naturaleza de la iglesia, sino la práctica concreta de su vocación misionera, descrita usualmente mediante el uso de imágenes bíblicas que se enriquecen con la experiencia histórica, cultural, y religiosa particular de nuestro pueblo. En este estudio, González presenta un análisis muy importante de las marcas (*notae*) de la iglesia cristiana establecidas en el símbolo o credo niceno-constantinopolitano (325-381), tomando en consideración la práctica de fe del pueblo latino en Norteamérica. Otro importante estudio de las dimensiones éticas de estas marcas de la iglesia en la práctica de fe del pueblo latino se encuentra en la obra del eticista puertorriqueño Ismael García, en donde describe a la iglesia latina como una comunidad de resistencia enfrascada en una constante lucha por promover la dignidad humana.

Estas perspectivas complementan los esfuerzos en esta área de estudios de líderes como Antonio M. Stevens Arroyo, María Luisa Santillán Baert, Garry Riebe Estrella, Miguel A. De La Torre, Edwin David Aponte, Jeannette Rodríguez y Juan Francisco Martínez. En una de sus obras, Stevens Arroyo sugiere que el examen de los escritos de un gran número de líderes religiosos del pueblo hispano en la sociedad norteamericana indica la génesis de un modelo particular de iglesia hispana que a pesar de su complejidad refleja en su liturgia, prácticas pastorales y perspectiva teológica, la experiencia histórica y cultural de sectores predominantemente de extracción mexicana, puertorriqueña y cubana. Para la pastora metodista María Luisa Santillán Baert, la vocación de la iglesia debe estar profundamente relacionada con las luchas por la liberación de los sectores marginados y oprimidos de la sociedad. En un estudio muy importante sobre el tema, el profesor y decano académico del seminario Catholic Theological Union, Garry Riebe Estrella, analiza la categoría fundamental de *Pueblo* en la identidad eclesial característica del pueblo católico Latino en la sociedad norteamericana. Para Miguel A. De La Torre y Edwin David Aponte, uno de los conceptos fundamentales para entender la naturaleza e identidad de la iglesia es el de la *familia*. Para Jeannette Rodríguez, profesora de teología y estudios religiosos en la Universidad de Seattle, la experiencia particular de la comunidad católica latina en la sociedad norteamericana ha dado lugar al surgimiento del modelo de *una iglesia pobre*, para la cual ella encuentra importantes precedentes, tanto en el modelo de las *comunidades eclesiales de base* característico de América Latina durante los años sesenta, como en el modelo que se hace presente en el libro bíblico de los Hechos de los Apóstoles, en donde se manifiesta el modelo eclesial más antiguo. Juan Francisco Martínez, Decano Asistente de Estudios de la Iglesia Hispana y Profesor Asociado de Estudios Hispanos y Liderato Pastoral en Fuller Theological Seminary, señala que, a pesar de que el intento para proveer un entendimiento de la iglesia desde la perspectiva protestante latina es tan complejo que todo esfuerzo esta destinado a fracasar. En un estudio muy importante sobre la experiencia del pueblo latino protestante que ha apropiado el modelo de las *iglesias de creyentes*, descrito originalmente por Donald F. Durnbaugh en su libro, *The Believer's Church: The History and Character of Radical Protestantism*, enfocado primordialmente en la perspectiva representada por pentecostales, bautistas, menonitas, discípulos de Cristo, y otros cuerpos eclesiásticos, Martínez argumenta la importancia de este modelo para entender la contribución de la perspectiva protestante del pueblo latino, ya que es en estas iglesias donde no sólo se encuentra la mayoría del pueblo latino protestante en la sociedad norteamericana, sino también que ellas son las de mayor crecimiento en los sectores latinos protestantes de esta sociedad.

En su esfuerzo por incorporar estos y otros elementos en la elaboración de un entendimiento de la naturaleza e identidad de la iglesia, el profesor y pastor luterano puertorriqueño José D. Rodríguez Rivera—padre de este autor—propone la imagen de la iglesia como *signo y primicia* de la soberanía de Dios, llamada a ser instrumento eficaz para impartir salud y vida plena en el contexto histórico social en que se encuentra. Arraigado en la autoridad de la tradición viva de la iglesia universal, fundamentada en el testimonio bíblico, renovado con el énfasis evangélico de la Reforma del siglo XVI, y enriquecido tanto por los aportes del Concilio Vaticano II, como por los del testimonio creyente del pueblo latinoamericano, y los de la gran diáspora de este pueblo que se encuentra en el contexto geográfico norteamericano, este autor nos provoca a entender la vocación de la iglesia como la de responder al llamado de Dios que nos convoca en el poder de su Espíritu a ser signo e instrumento escatológico del mensaje de salvación proclamado por Jesucristo, que está presente y operante ya en el tejido de la historia humana, y marcha hacia su manifestación plena en la consumación de los tiempos.

Siguiendo de cerca el desarrollo conceptual de la erudición teológica ecuménica de los últimos años, que establece que la misión no es primordialmente la actividad de la iglesia, sino un atributo de Dios—es decir, que la naturaleza misma del Dios de la fe cristiana es la de ser un Dios misionero (*Missio Dei*)—, Rodríguez resalta la importancia de clarificar que la misión vocacional de la iglesia deriva de la naturaleza misionera de Dios. En otras palabras, lo fundamental de la vocación de la iglesia no está en sí misma, sino en responder a la llamada de dar testimonio del reinado de Dios en la historia. Es en este sentido que podemos decir que la iglesia realmente no tiene una misión, sino que la misión, es decir, la misión de Dios, tiene una iglesia. Para Rodríguez, «la Iglesia ha sido llamada a ser señal eficaz de lo que Dios ha hecho y continúa haciendo en el mundo "por nosotros [as] y para nuestra salvación"».

Según este autor, si la iglesia quiere ser fiel a su vocación en nuestros días, tendrá que desarrollar una visión de *catolicidad* que teólogos como Justo L. González (metodista cubano) y Virgilio Elizondo (católico-romano méxico-estadounidense) nos ayudan a elaborar. El primero, entroncado en la perspectiva de los líderes de la Iglesia antigua, subraya la legitimidad de las diversas expresiones de la fe y de la iglesia que en conformidad con la fe apostólica, de estructura trinitaria, contenido evangélico, y énfasis cristocéntrico, expresan conformidad con la fe de la iglesia universal. El segundo insiste en recobrar una herencia católica enriquecida por la mística española y las tradiciones místicas de las religiones autóctonas de los pueblos americanos (incluyendo los aportes de la diáspora del pueblo africano en las Américas), que se afirma y sobrevive en la religiosidad popular católica, protestante y pentecostal en nuestra América, trascendiendo las polémicas europeas de la Reforma y contrarreforma características del siglo XVI.

Esta visión de «catolicidad» continua siendo elaborada por teólogos y teólogas latinas. En uno de sus recientes artículos sobre este tema, Roberto Goizueta señala que esta característica de *catolicidad* peculiar del pueblo latino se encarna en lo que él describe como experiencia de *fronteras (borderlands)*, fruto del trasfondo religioso de nuestra espiritualidad popular que tiene sus raíces en la cristiandad ibérica medieval barroca, y que en el contexto de Norteamérica se expresa en un tipo de *eclesiología de fronteras*. Para Juan Francisco Martínez, esta *catolicidad* latina emerge desde los márgenes y las fisuras de la realidad histórica y social del pueblo latino en Norteamérica, espacios privilegiados por nuestro pueblo para expresar su identidad religiosa latina.

A estos aportes Rodríguez sugiere añadir la dialéctica entre «sustancia católica y principio protestante» que según él ha configurado el genio propio de la iglesia cristiana de todos los tiempos.

En la perspectiva eclesiológica de Rodríguez, se toma en serio el carácter inclusivo, universal en el más pleno sentido de la fe cristiana, y a la vez, la identidad del mensaje; su contenido evangélico, a medida que va encarnándose en las diversas situaciones histórico-culturales de este mundo. Lo que llamamos el "contenido evangélico", que tiene como núcleo la historia de salvación centrada en la vida, palabra y obra de Jesucristo, el kerigma apostólico: serviría como principio de control, que salvaguardaría a la dimensión católica de una tentación sumamente peligrosa: la de incorporar elementos extraños y contradictorios al evangelio mismo. El "principio evangélico" viene a ser en un sentido muy real (creo que así lo sostuvieron los reformadores del siglo XVI) la principal garantía de la genuina catolicidad, ya que, contrario a la opinión peregrina de muchos espíritus sectarios, la fidelidad al evangelio no puede ser de división, sino de renovación, de unidad cristiana y de integración humana.

Sin embargo, la fidelidad a esa vocación llevará de manera ineludible a la comunidad de fe a desarrollar una pastoral de acompañamiento y solidaridad con las luchas de justicia y liberación de las víctimas de la sociedad, siguiendo el camino duro y riesgoso de Jesucristo, que es el camino de la cruz. Esta comunidad de fe estará equipada con el poder del Espíritu transformador de Dios encarnado en aquel que dio comienzo a su ministerio público en la región de Galilea anunciando con autoridad: «El tiempo se ha cumplido y el reino de Dios se ha acercado: arrepentíos y creed en el evangelio» (Marcos 1:14).

Esto nos lleva a concluir que la llamada a ser signo y primicia de la soberanía de Dios en la historia desafía al pueblo latino en la sociedad norteamericana de hoy a la práctica de fe colectiva, para encarnar una vocación profética que combine de forma dialéctica la expresión compleja de resistencia y afirmación. Esta expresión profética de la fe, desde la perspectiva de un pueblo cuya identidad híbrida, mestiza, mulata, y diaspórica, le ha llevado a aprender tanto a cruzar divisiones y fronteras, como a resistir la edificación de murallas concretas e ideológicas que contribuyen a enajenar nuestro compromiso de acompañamiento y afirmación con quienes son objetos de la injusticia, tanto en nuestra sociedad, como en el resto de la creación. Tal expresión profética constituye lo que anteriormente hemos descrito como la misión y el ministerio de la iglesia en perspectiva vocacional.

Preguntas para discusión

1) ¿Por qué cree usted que es importante hablar de la iglesia cuando se estudia el tema de la vocación cristiana?
2) ¿En que sentido se puede decir que el surgimiento de la iglesia cristiana en las Américas es el surgimiento de una nueva iglesia?
3) ¿Qué importancia tienen para el ministerio y misión de la iglesia hoy las voces de creyentes que representen las varias etnias, razas, géneros, expresiones religiosas, y sectores sociales marginados en las Américas?
4) ¿Qué cree usted de la propuesta de Virgilio Elizondo para entender la naturaleza e identidad de la iglesia del pueblo latino?
5) ¿Por qué cree usted que, según Justo L. González, para el pueblo latino la práctica concreta de su vocación misionera es central en su entendimiento de la naturaleza e identidad de la iglesia?
6) ¿Qué aportes presentan Virgilio Elizondo y Justo L. González para entender la naturaleza católica de la iglesia?
7) ¿Cómo describiría usted las marcas de unidad, apostolicidad y santidad de la iglesia desde la perspectiva del pueblo latino?
8) ¿En qué sentido cree usted que se puede hablar de la iglesia como signo y primicia de la soberanía de Dios en nuestra sociedad presente?
9) ¿Qué elementos característicos de su iglesia deben ser superados para convertirla en signo y primicia de la soberanía de Dios?
10) ¿Qué otra metáfora o imagen bíblica utilizaría usted para describir la naturaleza e identidad de la Iglesia?

6
El desafío de la vocación cristiana

«Cuando os traigan a las sinagogas, ante los magistrados y las autoridades, no os preocupéis por cómo o qué habréis de responder o qué habréis de decir, porque el Espíritu Santo os enseñará en la misma hora lo que debéis decir». (Lucas 12:11-12)

Para un gran número de líderes de la iglesia la proclamación del evangelio se describe como un testimonio de fe que busca unir a los seres humanos, traer la paz a la tierra, y establecer una relación positiva entre las personas, como respuesta a la iniciativa amorosa de Dios para la redención de toda la creación.

El contenido del sermón pronunciado por nuestro Señor Jesucristo al subirse a un monte en la región de Galilea, más que ninguna otra experiencia de su ministerio en Palestina, sirve sin lugar a dudas como modelo de lo que para él era el contenido de la proclamación del evangelio:

> «Bienaventurados los pobres en espíritu, porque de ellos es el reino de los cielos. Bienaventurados los que lloran, porque recibirán consolación. Bienaventurados los mansos, porque recibirán la tierra por heredad... Bienaventurados los misericordiosos, porque alcanzarán misericordia... Bienaventurados los pacificadores, porque serán llamados hijos de Dios...» (Mateo 5:1-11)

Estas y otras expresiones bíblicas han llevado al entendimiento de la fe cristiana como promotora de la reconciliación humana, del acuerdo entre las personas, y de toda clase de esfuerzos para evitar aquello que sea causa de conflicto o desacuerdo entre la gente.

A pesar de esto, debemos señalar que si nuestro entendimiento de la fe se reduce a una visión romántica e idealista de lo que es el evangelio, nos hemos equivocado. Para toda persona que piense que la función de la Iglesia y el testimonio de fe es el de esforzarse únicamente por promover este tipo de conciliación y esta expresión particular de la paz en el mundo, una lectura más cuidadosa de la Palabra de Dios les ha de sacudir profundamente, pues esta lectura nos ha de revelar el carácter controversial del evangelio.

Las palabras de Jesús que aparecen en el capítulo 12 del Evangelio de Lucas son difíciles de entender para muchos creyentes:

> Fuego vine a echar en la tierra. ¿Y qué quiero, si ya se ha encendido? De un bautismo tengo que ser bautizado. ¡Y cómo me angustio hasta que se cumpla! ¿Pensáis que he venido para traer paz a la tierra? Os digo: no, sino enemistad. De aquí en adelante, cinco en una familia estarán divididos, tres contra dos y dos contra tres; estará dividido el padre contra el hijo y el hijo contra el padre; la madre contra la hija y la hija contra la madre; la suegra contra su nuera y la nuera contra su suegra. (Lucas 12:49-53)

Estas palabras suenan rudas y extrañas. Nos causan confusión y hasta perturbación. Sin embargo, señalan un elemento central de la fe cristiana, y nos engañamos si no hacemos un esfuerzo por entenderlas.

En estas palabras Jesús se dirige a las personas creyentes de todas las épocas y todos los tiempos que desean dar testimonio al evangelio, indicándoles la importancia de permanecer siempre fieles a la naturaleza y contenido controversial del mensaje evangélico.

Aceptar la voluntad de Dios en la vida de toda persona creyente nos lleva, en la mayoría de los casos, a ser causa de contienda, discordia y división. Ser fieles al evangelio puede significar que tengamos que hacerles frente a ciertas situaciones y a un número de personas que no estamos acostumbrados o acostumbradas a confrontar. Ser firmes en nuestro testimonio de fe puede crear desavenencia, discrepancia, y oposición. Vivir una fe auténtica puede generar desacuerdo, discordia y separación.

Desde sus orígenes, la proclamación evangélica fue controversial. Parte importante del ministerio de nuestro Señor Jesucristo fue cuestionar, sin evasivas ni ambigüedades, costumbres y actitudes de la gente de su época que estaban diametralmente opuestas a la voluntad de Dios, y que reproducían, en las relaciones entre seres humanos y en el ejercicio de nuestra mayordomía hacia el resto de la creación, nuestro enajenamiento de Dios y nuestra voluntad caída. En muchas ocasiones esta actitud y disposición de Jesucristo le trajo problemas con la gente de su época, especialmente aquella que se encontraba en los estratos y posiciones dominantes de la estructura social y política de la región. Recordemos también que la cruz en la que Jesucristo murió era utilizada por los romanos en aquel tiempo para deshacerse de revolucionarios y de líderes políticos que sacudían y cuestionaban la hegemonía del Imperio Romano.

Es importante señalar que, tanto para nuestro Señor Jesucristo como en sus enseñanzas para quienes le escuchaban y le seguían, el evangelio no podía ser suavizado a fin de evitar enfrentamientos desagradables con quienes vivían a espaldas de Dios y quienes, en sus acciones y relaciones con otras personas y el resto de la creación, manifestaban su enajenación, desprecio y desobediencia a la voluntad divina.

La historia de la iglesia cristiana nos presenta un gran número de ejemplos de creyentes que, a través del tiempo y en una diversidad de contextos sociales, expusieron sus bienes materiales, su seguridad personal, y aun sus propias vidas para ser firmes y consecuentes con este entendimiento radical del evangelio.

En las *Actas de los Mártires* compiladas por Daniel Ruiz Bueno se registra la experiencia del martirio de Sinforosa y sus siete hijos. La muerte de esta creyente y sus hijos tuvo lugar en el siglo I bajo el emperador romano Adriano. La causa de su condena esta ligada a la práctica común en la época por emperadores romanos de sacrificar una viuda cristiana a los dioses para lograr sus favores en la dedicación de la construcción de una nueva residencia imperial. Para algunos historiadores, el testimonio fiel de esta mártir de la fe y de su familia se asemeja al de la madre descrita en el libro de los Macabeos y sus siete hijos inmolados por el rey sirio Antíoco IV «Epífanes». Este título, que significa «Dios manifiesto», expresa la creencia común en el oriente sobre la divinidad de los reyes. La narración del martirio de la madre judía y sus siete hijos durante esta ocupación seléucida de Siria de aproximadamente ciento treinta años se encuentra en 2 Macabeos 7:1-42.

Este mismo testimonio de fe se ha reproducido en el curso de la historia por una gran legión de creyentes que han tomado en serio tanto las enseñanzas como la práctica de nuestro Señor Jesucristo. Durante la conquista y cristianización de los pueblos de estas tierras en el siglo XVI, y durante siglos posteriores, los ejemplos de este testimonio no sólo son numerosos, sino también ejemplares. Basta mencionar los nombre de creyentes como Antonio de Montesinos, Bartolomé de Las Casas, Luis Beltrán, Pedro Claver, Rosa de Lima, Martín de Porres; y en nuestros días ha habido testigos como el arzobispo Oscar Arnulfo Romero, la hermana Matilde Knoop y el obispo de la Iglesia Luterana en El Salvador Medardo Gómez.

Tenemos que reconocer que lamentablemente el testimonio de fe de la iglesia cristiana y de sus líderes con mucha frecuencia ha seguido una trayectoria en la cual se presenta un tipo de existencia que tiende a esconder este carácter controversial del evangelio. Más que señalar esta naturaleza controversial de la fe, se tiende a proclamar y ejercer un estilo de vida cristiana supuestamente «equilibrado», y se es muy cuidadoso, evitando todo tipo de controversia y división. Esta trayectoria ha llevado a muchos líderes de la iglesia a interpretar las enseñanzas cristianas como doctrinas que conducen a un tipo de vida ecuánime y moderada, enfatizando como valor lo positivo y evadiendo todo tipo de controversia y disensión. En casos exagerados se predican y enseñan principios que acentúan los valores dominantes de quienes en la sociedad buscan el éxito y la prosperidad aunque se oculte y comprometa este carácter controversial de las Buenas Nuevas.

Jesús nos advierte en el pasaje del evangelio de Lucas, que encabeza este capítulo, que debemos resistir la tentación tan común en las iglesias de nuestro tiempo de revestir la proclamación del evangelio sólo de paz y de hermosura. La aceptación del evangelio y nuestro testimonio evangélico pueden ser causa de confrontación y controversia. La disposición a dar testimonio fiel de las enseñanzas de nuestro Señor Jesucristo puede llevarnos a experimentar situaciones difíciles y a tomar decisiones que nos pueden separar de amistades y parientes. En cierta ocasión la misma familia de Jesús trató de impedirle que continuara exponiéndose al peligro y enojo de los líderes religiosos y políticos en Galilea y Jerusalén. Sin embargo él, con amor y respeto, pero también con autoridad, les confronta hasta el extremo que llegaron a pensar que Jesús había perdido la razón (Marcos 3:21).

La mayoría de los profetas, tanto en las Escrituras Sagradas de los hebreos como en el Nuevo Testamento, sabían las consecuencias que traía el tratar de mantenerse fieles a la voluntad de Dios en un mundo que vive a espaldas de Dios.

Tenemos que darnos cuenta de que no estamos en la obligación, ni es aconsejable, promover confrontaciones. A lo que se nos llama es a no huir de ellas ni evadirlas pues lo que está en juego es nuestra fidelidad al evangelio. La Palabra de Dios y los principios que de ella se derivan son tan importantes que no deben comprometerse para lograr una falsa paz o armonía. La persona creyente que toma en serio su fe descubre, tarde o temprano que no es posible ni aconsejable tratar de complacer a todo el mundo.

Todas las personas creyentes deberíamos hacernos un autoexamen para determinar si nuestras decisiones, acciones y principios nos causan dificultades o problemas. Si encontramos que no, quizás esto debe llevarnos a preocuparnos por la integridad de nuestro testimonio de fe, pues si es cierto que en nuestros días no caemos tan frecuentemente en la tentación de adorar al emperador romano como era el caso en los primeros siglos, existen otros muchos dioses falsos tan tiranos y exigentes como en la época de nuestro Señor Jesucristo, ante quienes ofrendamos el incienso de la fidelidad y quienes definen y condicionan nuestro entendimiento de la fe. Esta ha sido la convicción de un gran número de personas creyentes que he tenido la oportunidad de conocer, durante los viajes que he realizado alrededor del mundo para conocer y estudiar más de cerca el testimonio de fe de comunidades y movimientos cristianos. Mi experiencia en Nicaragua, El Salvador,

Honduras, y Costa Rica me ha permitido escuchar y participar del testimonio fiel de creyentes que, durante las experiencias más difíciles de la guerra en Centroamérica, se unieron a los esfuerzos de grupos religiosos y populares para promover la paz y la justicia. En noviembre del 2004, mi participación en una conferencia auspiciada por el Centro Luterano dirigido por el Rdo. Dr. Mitri Raheb en la ciudad de Belén en Palestina, me llevó no sólo a escuchar, sino también a unirme con líderes judíos, musulmanes, cristianos y otros representantes internacionales, a iniciativas y expresiones públicas colectivas en promoción de la protección de los derechos de sectores palestinos en la región. En un viaje reciente a la ciudad de Hyderabad, en la India, entré en conversaciones y proyectos educativos con estudiantes de varias partes del mundo y filiaciones religiosas que se afanan en promover el dialogo interreligioso, e iniciativas en la promoción de la paz y la justicia en contextos internacionales de violencia.

Puede ser que a muchos nos perturben y sorprendan estas experiencias. Para otras personas la pregunta que estos testimonios plantean tiene que ver con la necesidad de exponernos a problemas, cuando es más saludable y placentero dejar las cosas como están. La contestación es sencilla: Jesús lo hizo, y nuestra vocación cristiana nos llama a seguir el ejemplo de nuestro Señor. Como carpintero en el pueblo de Nazaret, él pudo muy bien decidirse a llevar una vida llena de paz y tranquilidad. Jesús pudo haber continuado su ministerio de predicación y sanidad evitando los conflictos y confrontaciones, transformando las vidas de muchas personas en la región, aumentando de esta manera su gran fama y aceptación entre el pueblo y los líderes sociales y políticos de aquel entonces. Imagine lo que podría haber sucedido si Jesús hubiera empleado a un agente de prensa o a un comité especial para asegurarse de conocer a las personas más importantes de Palestina, y para escribir los discursos que le trajeran la aceptación y el mayor apoyo de los líderes judíos y romanos en Jerusalén. Recordemos que los mismos discípulos de nuestro Señor intentaron persuadirlo para evitar las dificultades y confrontaciones con aquellos líderes religiosos y del poder. Pero la respuesta de Jesús fue siempre clara y firme. El hizo lo que tenía que hacer, aun si las consecuencias de sus enseñanzas y acciones le llevaron eventualmente a asumir el camino sufrido y doloroso de la cruz.

Nuestro gran desafío para realizar nuestro testimonio de fe con firmeza y autenticidad es seguir las enseñanzas y ejemplo de nuestro Señor Jesucristo en las decisiones y acciones de nuestra vida diaria. La fidelidad al evangelio nos crea en la mayoría de las ocasiones grandes dificultades. Cada persona está llamada a decidir si ha de exponerse a ello o no. Pero si decidimos seguir a nuestro Señor en estas situaciones, nos daremos cuenta de que nada hay que pueda abrumarnos por el temor y la ansiedad, aun cuando nuestros enemigos traten de hacer todo lo posible por causarnos dificultades y daño. De hecho, hay sólo un lugar seguro para todo creyente en esta vida, y ese lugar se encuentra cuando en nuestro discernimiento llegamos a la convicción del poder de la promesa de Dios de estar con nosotros siempre para fortalecernos e inspirar nuestros corazones y mentes con el poder de su presencia y voluntad para soportar todo tipo de dificultad, peligro y confrontación.

Se cuenta que cuando el gran reformador Martín Lutero se encontraba en lo más enfurecido de su confrontación con los líderes y autoridades de la cristiandad dominante en su época, alguien le preguntó qué haría si los príncipes alemanes que le habían apoyado hasta entonces retirasen su ayuda para dejarlo a la merced de sus enemigos. Lutero contestó: «Me mantendría en donde siempre he estado, en las manos de Dios».

Toda esta descripción del precio de la vocación profética puede provocar una actitud de desaliento y frustración; pero no tiene que ser así. Jesús no les dirigía estas palabras a quienes le escuchaban para su desconsuelo, sino para enseñarles a confrontar de manera realista y con buen fundamento los problemas y dificultades que habrían de experimentar. En otro lugar de la Escritura nuestro Señor aseguró a sus discípulos y seguidores que no debían temer al mundo, porque ya él había vencido al mundo.

Si es cierto que el precio de la vocación profética es el sufrimiento y la aflicción, también debemos confiar en la promesa de Dios que nunca nos encontraremos alejados de la iniciativa amorosa de su generosidad.

Hay una vieja leyenda sobre una experiencia muy importante que se le atribuye al apóstol Pedro. Temiendo ser sentenciado a morir por predicar el evangelio en Roma, Pedro había decidido huir de la ciudad. En su camino fuera de Roma Pedro se encuentra a Jesús y le pregunta a dónde se dirige. Jesús le contesta: «Voy a Roma a ser crucificado en tu lugar». Pedro entonces decide regresar a Roma, donde fue crucificado de cabeza como burla. Aunque la evidencia para sostener esta historia es escasa y no muy fidedigna, en los escritos de apologistas cristianos muy distinguidos durante el siglo segundo como Tertuliano (en su obra *Scorpiace*, xv) y Orígenes (en la obra de Eusebio, *Historia eclesiástica*, II, i) se mencionan algunos de estos detalles de la muerte de Pedro.

Claro que esto es sólo una leyenda; pero nos sirve como ilustración para aclarar una gran verdad. La presencia de Dios se hace una realidad en muchos lugares, pero especialmente en la cruz. Dios no huye de ella. Ni espera que nosotros huyamos de ella. Debemos estar en la disposición de hacerles frente a las consecuencias de nuestra vocación profética con nuestra fidelidad al evangelio a pesar de toda oposición y conflicto. Pero no debemos caer en el temor. Nuestro Señor ya ha experimentado esta aflicción y ha de permanecer a nuestro lado para ayudarnos a superar toda prueba.

Para terminar, quiero compartir una historia más contemporánea que habla de otro tipo de desafío que confronta la persona creyente para la realización de su vocación cristiana, y del poder de Dios que se hace presente en nuestras vidas para fortalecer nuestra convicción y diligencia en mantenernos fieles al llamado que nos hace de servicio a los demás. Durante mi pastorado en una congregación, uno de mis amigos confrontó una de las experiencias más difíciles en su vida y ministerio pastoral. En una ocasión, regresando de una visita a una familia de su iglesia ya de noche y doblando en una esquina bastante oscura, lo sorprendió una figura humana que se lanzó frente a su automóvil sin darle tiempo a reducir la velocidad para evitar un accidente. Lamentablemente, la persona fue impactada por el automóvil y perdió la vida. Durante la investigación policial de los hechos se descubrió que la víctima era una persona con problemas físicos y emocionales, que solía caminar sin rumbo por la calles de la ciudad, y en varias ocasiones había sido golpeada por otros automóviles debido a este comportamiento desconcertado.

A pesar de que mi amigo fue declarado inocente por la corte que juzgó los hechos, esta experiencia traumática le causó tal sacudida que decidió dejar el ministerio pastoral, pues estaba agobiado por sentirse responsable por la muerte de aquella persona. No podía encontrar ni consuelo ni perdón por sus acciones. Lo atormentaba el sentirse culpable por aquella muerte. Su angustia y desasosiego le llevaron a creer que ya no podía ser un instrumento del amor y misericordia de Dios para otras personas a través del ministerio pastoral, y decidió apartarse de este oficio. Resolvió dedicarse a las ventas y al comercio para esconder su dolor y falta. Como muchas otras personas en situaciones parecidas, se sintió lejos de la misericordia y el amor de Dios para recibir el perdón y su generosa clemencia.

Otro de los grandes desafíos de la vocación cristiana es la disposición de la persona creyente para abrirse a la iniciativa generosa del amor de Dios con la convicción de que la efectividad de lo que hacemos en nuestras tareas y labores no depende exclusivamente, ni principalmente, de nosotros mismos. Dios no nos llama a ser perfectos, personas sin mancha o errores, sino a confiar en su poder entre nosotros. La llamada es a que en todo momento, y especialmente en aquellos momentos de dificultad o tentación—momentos en que fallamos y manifestamos nuestras limitaciones y faltas—podamos confiar en el poder transformador de Dios que nos sostiene y fortalece para dar un testimonio de fidelidad en cualquiera de las labores a las cuales hemos sido llamados. La llamada es a sentirnos confiados y seguros en la continua presencia de Dios, quien nos promete y hace posible lo que para nosotros es imposible. La llamada de Dios es a una vida de fe, esperanza, amor y servicio a los demás.

Luego de varios años, volví a encontrarme con mi amigo y me sorprendió su resolución de regresar al servicio del ministerio pastoral. En una conversación que tuvimos me reveló que pudo superar su tormento de culpa gracias al apoyo y fortaleza que recibió de su familia y comunidad de fe que nunca le abandonaron durante toda esta experiencia. Estos seres queridos fueron los vehículos utilizados por Dios para sostener y fortalecer a mi amigo durante aquel difícil período de prueba. Su fe en las promesas y el poder de Dios fueron restaurados para responder con certidumbre y convicción a la llamada pastoral que había recibido. Superando su sentimiento de culpa e incompetencia para la tarea del ministerio pastoral, recobró la certidumbre en el poder de la presencia de Dios para transformar su sentido de incapacidad en oportunidad para permitirle a Dios realizar su tarea de redención en otras personas.

El mayor desafío a la vocación cristiana es la actitud de quienes al confrontar los problemas y desafíos que el mundo les presenta pierden su confianza y certidumbre en las promesas de Dios. Debemos estar en la disposición de hacerles frente a las consecuencias y demandas de nuestra vocación profética con nuestra fidelidad al evangelio a pesar de toda oposición y conflicto. Pero no debemos caer en el temor. Tanto nuestro Señor Jesucristo como la hueste de creyentes que han respondido a su llamada ya han experimentado esta aflicción y la promesa de Dios es de permanecer a nuestro lado para ayudarnos a superar esta prueba. Respondamos con fidelidad a esta llamada y mantengámonos firmes en nuestras tareas.

PREGUNTAS PARA DISCUSIÓN

1) ¿Cuál es su entendimiento de lo que debe ser la proclamación del evangelio?
2) ¿Cree usted que permanecer fiel a la llamada del evangelio siempre lleva al conflicto?
3) ¿Qué fue lo que llevó a nuestro Señor Jesucristo a morir en la cruz?
4) ¿Qué otras razones, además de las que provee el autor de este estudio han dado lugar a que los creyentes—varones y mujeres—hayan tratado de evitar el carácter controversial del evangelio?
5) ¿Podría usted dar otros ejemplos de creyentes que se han mantenido fieles al evangelio a pesar de los desafíos que han confrontado en su testimonio de fe?
6) Mencione algunos de los desafíos que confrontamos en el presente para dar testimonio fiel del evangelio.
7) ¿Qué es lo que nos puede ayudar a permanecer fieles en nuestro compromiso de firmeza y autenticidad al evangelio cuando experimentamos conflicto y dificultad?
8) ¿Cree usted que el llamado a la vocación cristiana se reduce al sufrimiento y la aflicción?
9) Siendo el sufrimiento y el conflicto algo que quienes creen no pueden evadir, ¿Cómo podemos interesar a las personas a responder a su vocación cristiana?
10) ¿Está usted dispuesto o dispuesta a responder de forma afirmativa a los desafíos de su vocación cristiana, a pesar de las posibles consecuencias?

—— 7 ——
Conclusión

...considerad, pues, hermanos, vuestra vocación y ved que no hay
muchos sabios según la carne, ni muchos poderosos, ni muchos nobles;
sino que lo necio del mundo escogió Dios para avergonzar a los sabios;
y lo débil del mundo escogió Dios para avergonzar a lo fuerte...
(1 Corintios 1:26-27)

Al llegar al final de este estudio, quiero hacer un esfuerzo por resumir lo que me parece importante recordar de esta experiencia, para responder al llamado que Dios nos hace hoy a realizar nuestra vocación cristiana.

Primero, la llamada de Dios no es sólo para una, sino para un gran número de expresiones de la vocación cristiana. Son muchas las maneras mediante las cuales las personas creyentes han respondido fielmente a esta llamada en el pasado, y continuarán haciéndolo, tanto en el presente como en el futuro. Quienes nos han precedido en el testimonio cristiano nos enseñan que el oficio que realizamos no es un fin en sí mismo, sino sólo uno de los varios y diferentes vehículos mediante los cuales podemos realizar nuestra vocación a la llamada de Dios. Lo importante es reconocer que nuestra fidelidad a la vocación cristiana es posible mediante la iniciativa generosa de Dios que nos invita, y a la vez hace posible, que utilicemos uno de estos espacios para dar testimonio del poder creador, redentor y santificador de Dios entre nosotros. Tanto las ocupaciones religiosas y eclesiásticas como las que no lo son pueden ser vehículos para el testimonio fiel de toda persona creyente.

Segundo, lo importante en la realización de nuestra vocación cristiana no es tanto la dignidad o el poder de la ocupación específica que habremos de realizar, sino nuestra fidelidad en el servicio a que somos llamados y llamadas. Si es cierto que toda ocupación en la sociedad en que vivimos tiene la promesa de ser un espacio para llegar a realizar nuestra vocación de fe, también es cierto que en todas estas ocupaciones podemos experimentar dimensiones enajenantes y enormes desafíos que impidan la realización plena y adecuada de este testimonio. Nuestra disposición a participar en uno de estos oficios responde a la profunda convicción de que no es nuestra propia capacidad, o la dignidad y poder de la ocupación, sino la promesa que Dios nos hace de estar con nosotros siempre para darnos el sostén y dirección necesarios, lo que hace posible nuestro testimonio fiel en cualquiera de las variadas y diferentes labores que realizamos. Afirmemos, pues, como el apóstol Pablo en el texto de su carta a la comunidad de creyentes en Corinto arriba mencionado, que para avergonzar a los sabios Dios ha escogido a los que el mundo tiene por tontos, y para avergonzar a los fuertes ha escogido a los que el mundo tiene por débiles; pero que para quienes Dios ha llamado, esto es precisamente lo que constituye el poder y la sabiduría de Dios (1 Corintios 1:18-31).

Una tercera e importante enseñanza de este estudio es que la vocación del creyente se realiza, no sólo de manera individual, sino también y preferentemente en el contexto de la comunidad de fe. Es en relación con el pueblo creyente que nuestra fe y testimonio se nutren, sostienen, y renuevan bajo la continua presencia de Dios. Esta presencia divina que llega al pueblo creyente mediante el poder generoso de la Palabra de Dios y sus medios de gracia reanima nuestra vocación cristiana y nos llama a unirnos a la continua acción creadora, redentora, y santificadora de Dios en la historia. Para ser fieles a esta vocación la iglesia es llamada a ser signo y primicia de la soberanía de Dios en cada contexto humano y toda la creación. La fidelidad a esa vocación nos llevará de manera ineludible a desarrollar una pastoral de acompañamiento y solidaridad con las luchas de justicia y liberación de las víctimas de la sociedad, siguiendo el camino duro y azaroso de Jesucristo. Finalmente, debemos reconocer el costo de nuestra devoción a la llamada de Dios a ser vehículos de la generosidad de su amor entre nuestros semejantes y toda la creación. Responder con fidelidad a la llamada de Dios tiene un precio. En ocasiones el costo ha sido la propia vida de los creyentes. Pero mientras más difícil sea la tarea, y más alto el costo, mayor y más profunda es la convicción de que la presencia y el poder de Dios no habrán de abandonarnos. Al contrario, es nuestra certidumbre en las promesas de Dios lo que nos posibilita cruzar las barreras que nos impedirían responder a su llamada, y hacerlo con disposición y fidelidad. Es por eso que nos unimos a la convicción del apóstol San Pablo cuando afirma en su carta a los creyentes de Roma que:

> ...en todas las cosas somos más que vencedores por medio de aquel que nos amó. Por lo cual estoy seguro de que ni la muerte ni la vida, ni ángeles ni principados ni potestades, ni lo presente ni lo porvenir ni lo alto ni lo profundo, ni ninguna otra cosa creada nos podrá separar del amor de Dios, que es en Cristo Jesús, Señor nuestro (Romanos 8:37-39).

Esta es nuestra esperanza y convicción. Es también una invitación a responder hoy con fidelidad a la llamada de Dios para la realización de nuestra vocación cristiana.

Bibliografía selecta

Badillo, David. *Latinos and the New Immigrant Church.* Baltimore: The Johns Hopkins University Press, 2006.

Bennethum, D. Michael. *Listen! God is Calling! Luther Speaks of Vocation, Faith, and Work.* Minneapolis: Augsburg Fortress, 2003.

Calhoun, Robert L. "Work and Vocation in Christian History", en *Work and Vocation.* Editado por John Oliver Nelson. New York: Harper & Brothers Publishers, 1954.

Calvino, Juan. *Institución de la religión cristiana.* Grand Rapids: Nueva Creación, 1988.

Cassese, Giacomo y Eliseo Pérez Álvarez. *Lutero al habla (Antología).* Buenos Aires: Ediciones La Aurora. Publicación especial por Publicaciones El Faro y la Iglesia Evangélica Luterana en América, 2005.

De La Torre, Miguel A. & Edwin David Aponte. *Introducing Latino/a Theologies.* New York: Orbis Books, 2001.

Elizondo, Virgilio. "The New Humanity of the Americas", en *1492-1992 The Voice of the Victims (Concilium).* Editado por Leonardo Boff & Virgilio Elizondo. Philadelphia: Trinity Press International, 1990, 1

García, Ismael. *Dignidad: Ethics through Hispanic Eyes.* Nashville: Abingdon Press, 1997.

Goizueta, Roberto. "Corpus Verum: Toward a Borderland Ecclesiology," en *Journal of Hispanic/Latino Theology. Available at: http://latinotheology.org/node/31.*

González, Justo L. "In Quest of a Protestant Hispanic Ecclesiology", en *Teología en Conjunto: A Collaborative Hispanic Protestant Theology.* Editado por José D. Rodríguez y Loida I. Martell Otero. Louisville: Westminster John Knox Press, 1997, 80-97.

_____. *Jesus Calls.* Nashville: Abingdon Press, 2004.

_____. *Mentors As Instruments of God's Call.* Nashville: Division of Diaconal Ministry, the United Methodist Church, 1992.

_____. *When Christ Lives in Us.* Nashville: Abingdon Press, 1995.

Guerra, Juan F. y Luis Scott, eds. *Iglesias peregrinas en busca de iden-tidad: Cuadros del protestantismo latino en los Estados Unidos.* Buenos Aires: Ediciones Kairos, 2004.

Heiges, Donald R. *The Christian's Calling.* Philadelphia: Fortress Press, 1984.

Isasi Díaz, Ada M., Timoteo Matovina, y Nina M. Torres-Vidal. *Camino a Emaús: Compartiendo el ministerio de Jesús.* Minneapolis: Fortress Press, 2002.

Lutero, Martín. "Sermons on the Gospel of Saint John", en *Luther's Works* 22, ed. por Jaroslav Pelikan. St. Louis: Concordia Publishing House, 1957.

Maldonado Jr., David, ed. *Protestantes/Protestants: Hispanic Christianity Within Mainline Traditions.* Nashville: Abingdon Press, 1999.

Martínez, Juan Francisco. "Church: A Latino/a Protestant Perspective," en *Handbook of Latina/o Theologies*, editado por Edwin David Aponte y Miguel De La Torre. St. Louis: Chalice Press, 2006.

_____. "Ecclesiology *a lo Mestizo/a y Mulato/a*: What Happens to Church When We Move *Latinamente*: Beyond Inherited Ecclesiologies?" en *Journal of Hispanic/Latino Theology.* Available at: http://latinotheology.org/node/31.

McKim, Donald K. *Major Themes in the Reformed Tradition.* Eugene: Wipf and Stock Publishers, 1998.

Ortega, Ofelia, M. "Encounters and Visions", en *Celebrating Our Call: Ordination Stories of Presbyterian Women.* Louisville: Geneva Press, 2006.

Ortega, O, J. VanOsdol, y Xavier Pikaza Ibarrondo, *Ministerio y Poder: Género, liderazgo y jerarquía en la iglesia.* Quito: Consejo Latinoamericano de Iglesias, 2006.

Placher, William C. *Callings: Twenty Centuries of Christian Wisdom on Vocation.* Grand Rapids: William B. Eerdmans Publishing Company, 2005.

Riebe-Estrella, Gary. "*Pueblo* and Church", en *From the Heart of Our People: Latino/a Explorations in Catholic Systematic Theology.* Editado por Orlando O. Espín & Miguel H. Díaz. New York: Orbis Books, 1999.

Rivera Pagán, Luis N. *Evangelización y violencia: La conquista de América*. San Juan, P.R.: Publicaciones Cemi, 1990.

_____. *Essays from the Diaspora*. México: Publicaciones El Faro, S.A. de C.V., 2002.

_____. *Entre el oro y la fe: El dilema de América*. San Juan: Editorial de la Universidad de Puerto Rico, 1995.

Rodríguez-Díaz, Daniel, & David Cortés-Fuentes eds., *Hidden Stories: Unveiling the History of the Latino Church*. Decatur, GA: Academia para la Historia de la Iglesia Hispana/Latina, 1994.

Rodríguez, Jeannette. "Church: A Roman Catholic Perspective", en *Handbook of Latina/o Theologies*. Editado por Edwin David Aponte & Miguel De La Torre. St. Louis: Chalice Press, 2006.

Rodríguez, José D. *La Iglesia, signo y primicia del Reino: Reflexiones pastorales desde el Caribe y América Latina*. Chicago: Lutheran School of Theology at Chicago, 2003.

Sandoval, Moisés. Fronteras: A History of the Latin American Church in the USA Since 1513. San Antonio: The Mexican American Cultural Center, 1983.

_____. *On the Move: A History of the Hispanic Church in the United States*. New York: Orbis Books, 1995.

Santillán Baert, María Luisa. "The Church and Liberation", en *Voces: Voices from the Hispanic Church*, editado por Justo L. González. Nashville: Abingdon Press, 1992, 68-71.

Stehle, Emil L., ed. *Testigos de la Fe en América Latina*. Pamplona: Editorial Verbo Divino, 1982.

Stevens Arroyo, Antonio M. *Prophets Denied Honor: An Anthology of the Hispanic Church in the United Status*. New York: Maryknoll, 1980.

Wingren, Gustav. *The Christian's Calling: Luther on Vocation*. London: Bradford and Dickens, 1957.

LaVergne, TN USA
24 August 2010
194332LV00004B/100/P